MES 18 PREMIÈRES ANNÉES

NÉ(E) EN
1955
1955 À 1972

©2024 TDM Publishing tous droits réservés

Mes 18 Premières Années est une marque déposée de TDM Publishing.
Le logo et la marque sont protégés et appartiennent à TDM Publishing.

www.mijneerste18jaar.nl
info@mijneerste18jaar.nl

Mes 18 Premières Années d'après une idée et un concept de Thars Duijnstee.
Recherche et texte : Hervé Loux, Jean-Louis Sparmont, Annie Faure, Nicolas Lescieux, Erik Verdonck, Jan Delvaux.
Composition et édition d'image : Jeffrey Roozeboom, Erik Verdonck.
Conception : Ferry Geutjes, Boudewijn van der Plas, Jeffrey Roozeboom.
Rédaction finale : Erik Verdonck, Olivier Faure.
Mise en page : Ferry Geutjes, Boudewijn van der Plas.

L'éditeur a mis tout en œuvre pour assurer les droits d'images selon les lois en vigueur et identifier les ayants droit. Ceux qui pensent pouvoir réclamer des droits, sont priés de contacter l'éditeur.

Tous droits réservés. Aucune partie de cette publication ne peut être reproduite, transmise, transcrite, ni stockée dans un système d'extraction ou traduite dans une langue ou un langage informatiques quels qu'ils soient, dans quelque format ou par quelque moyen que ce soit, électronique, mécanique, magnétique, optique, manuel ou autre, sans la permission écrite préalable de l'éditeur.

Photos : Nationaal Archief, Getty Images, Shutterstock, ANP, National Archive, Bundes Archiv, Erik Verdonck, Jeffrey Roozeboom.

Les rédacteurs ont utilisé les sources suivantes : Wikipedia, Rollingstone.com, L'Express, Le Figaro, Libération, France Soir, Le Monde, L'Equipe, Les Echos, Les Inrockuptibles. TV Magazine, Télé 7 Jours, Télé Z, Télé Loisirs, Femme Actuelle, Paris Match, Télé Star, Notre Temps, Télé 2 Semaines, Télérama, TV Grandes Chaînes.

Le top-10 de chaque année est composé par Jan Delvaux, la sélection est strictement personnelle. Les listes contiennent des classiques, des chansons françaises, pop et rock. Les top-10 reflètent l'ambiance d'une année et d'une époque. Il y a régulièrement des surprises, des morceaux oubliés et des (re)découvertes. Les tubes qu'on ne passe plus à la radio mais qui étaient populaires à l'époque.

Nous remercions : Jan Delvaux, Njord de Petter. Mode d'emploi listings Spotify :

1. Ouvrez Spotify
2. Cliquez sur Chercher (l'image de la loupe)
3. Cliquez sur scanner (l'image de la caméra)
4. Ciblez la caméra sur le code Spotify dans le livre
5. Ecoutez la liste sélectionnée !

ISBN 978 94 9337 300 6

NUR: 400

1955 — MES 18 PREMIÈRES ANNÉES

SPORT

Ls Jeux Méditerranéens
16 - 25 juillet 1955. Les deuxièmes Jeux Méditerranéens ont lieu à Barcelone en Espagne. Ils rassemblent 10 nations et 19 disciplines sportives. Le gymnaste espagnol Joaquín Blume décroche le plus grand nombre de médailles (6 médailles d'or et 1 de bronze). En athlétisme, Alain Mimoun conserve son doublé (5 000 m et 10 000 m) et le sprinter italien Luigi Gnocchi remporte un beau triplé (100 m, 200 m et 4 × 100 m).

Forestier gagne Paris-Roubaix
10 avril 1955. La victoire de Jean Forestier, 25 ans, portant le maillot de l'équipe Follis, surprend les légendes du cyclisme. Forestier, attaquant opportuniste du jour, prend la tête avec Bernard Gauthier et Scodeller. A 25 kilomètres de l'arrivée, il s'isole en tête, laissant ses deux poursuivants derrière lui.

L'ascension du Makalu
15 mai 1955. Le matin, par des températures glaciales, Lionel Terray et Jean Couzy se préparent à l'ascension finale du Makalu. Les 2 alpinistes entreprennent l'ascension des 685 mètres restants. Ils atteignent le pied de l'éperon final en mixte, à 8 200 mètres d'altitude. Un exploit exceptionnel.

Bobet à son Tour
Louison Bobet réalise un exploit sans précédent : 3 victoires consécutives sur la Grande Boucle : 1953, 1954 et 1955. Malgré une blessure douloureuse à la selle, Bobet prend le maillot jaune à Saint-Gaudens et résiste à Jean Brankart et Charly Gaul.

Le doublé pour Giletti
Grande figure du patin à glace en France, Alain Giletti gagne pour la cinquième fois d'affilée le titre de champion de France. Une performance de taille sublimée par sa première victoire au championnat d'Europe.

29 JAN 1955
Sortie du film *Les Diaboliques* d'Henri-Georges Clouzot.

FEV 1955
3 000 soldats français sont engagés dans le conflit algérien.

5 MAR 1955
Le Président Eisenhower s'engage à maintenir des forces américaines en Europe.

1955

Accident aux 24 Heures du Mans
11 juin 1955. Une tragédie endeuille les 24 Heures du Mans lorsque la Mercedes de Pierre Levegh est projetée en l'air suite à un choc avec un autre pilote. La voiture retombe sur la foule causant la mort de 83 personnes et faisant 120 blessés.

Le péage
Le Gouvernement français applique le principe de la concession, et le transpose au réseau autoroutier dont il projette la création. Moyen de financement des infrastructures de transport, la concession est devenue une vache à lait, une rente perpétuelle. Lorsque les péages sont institués, en 1955, la France ne compte que 80 kilomètres d'autoroutes. Le financement des travaux est assuré par des avances budgétaires et par des emprunts garantis par l'État que les péages servent à rembourser. Le système permet l'essor du réseau : en 1970, on passe à 1 125 kilomètres. On atteint les 5 700 en 1990. Les péages des tronçons déjà amortis servent à financer de nouveaux projets.

ACTUALITES

Train à grande vitesse
29 mars 1955. La locomotive BB9004 établit le record du monde de vitesse avec une pointe à 331km/h. Cette locomotive électrique transporte à la fois des passagers et du fret. Une révolution mécanique et technique conçue par Alstom.

La déesse
C'est au Salon de l'automobile de Paris que la Citroën DS est lancée. Ses innovations techniques facilitant la conduite et le confort, son design aérodynamique réduisant la consommation de carburant en font un véhicule révolutionnaire.

12 AVR 1955
Frénésie médiatique autour du vaccin contre la poliomyélite découverte par le professeur Jonas Salk.

27 MAI 1955
Premier vol de l'avion Caravelle à Toulouse.

12 JUN 1955
Victoire de Mike Hawthorn et Ivor Bueb aux 24 Heures du Mans.

1955

La création d'Europe 1
1er janvier 1955. Charles Michelson et Louis Merlin créent la radio Europe 1. La première émission est diffusée en direct à 6 h 30 du matin. La radio gagne rapidement de la popularité avec des émissions de divertissements et d'informations : journaux, débats et interviews.

La Sarre est allemande
23 octobre 1965. Entre 1792 et 1955, la Sarre a changé 8 fois de pavillon, la région étant tantôt française, tantôt allemande. Le 23 octobre, le référendum sur l'appartenance de la Sarre rend définitivement le territoire à l'Allemagne de l'Ouest, avec 56,9% des suffrages.

Naissance du terme 'ordinateur'
16 avril 1955. Le professeur Jacques Perret de l'Université de Paris est sollicité directement par le responsable de la publicité d'IBM (International Business Machines Corporation). Une nouvelle machine est à l'origine baptisée 'calculatrice électronique type 65'. IBM veut moderniser le nom pour le vendre plus facilement. Le terme 'ordinateur' voit le jour grâce à Jacques Perret.

Affaire Janet Marshall
28 août 1955. Le corps de Janet Marshall, une femme britannique en vacances en France, est retrouvé dans la Somme. L'enquête est complexe, par le manque d'éléments, et par des témoignages contradictoires. L'inspecteur en charge de l'enquête a donc une idée : réaliser le premier portrait-robot de l'histoire de la police française, à partir d'un témoignage. Quelques mois plus tard, le tueur du nom de Robert Avril est retrouvé, correspondant à la description du témoin.

Le Richelieu
6 décembre 1955. Œuvre du peintre Clément Serveau et créé par la Banque de France, le nouveau billet de 1 000 francs représentant Richelieu et le Palais Royal est mis en circulation. Ce dernier remplace Minerve et Hercule pour rendre hommage au courant des personnages illustres. Une réponse au contexte d'une France en plein développement avec une hausse du pouvoir d'achat et une inflation croissante dans le pays.

19 JUL 1955 — De très violents orages ravagent une zone allant de la Bretagne au Nord-est.

20 AOÛ 1955 — Début de la commercialisation des meubles en plastique stratifié Formica.

SEP 1955 — Les forces de sécurité françaises passent à 120 000 personnes en Algérie.

1955

L'Alpine
Après une victoire sur la course Mille Miglia, le pilote Jean Rédélé décide de créer sa marque automobile. Il fonde alors Alpine, s'associant par la suite avec Renault, et s'installe sur le marché des voitures sportives. Ainsi, l'Alpine A106 voit le jour cette même année, lançant la première voiture d'une marque iconique dans le monde du sport automobile.

Loi de l'état d'urgence
3 avril 1955. Au vu du contexte lié à la guerre d'Algérie, une loi est promulguée le 3 avril relative à l'état d'urgence. Cette loi permet au gouvernement de prendre des mesures exceptionnelles en cas de situation critique.

Habiter dans les années 50
Dans ces années-là, les maisons ne sont pas équipées d'un réfrigérateur. Les habitants font donc leurs courses tous les jours. Dans les chambres, il n'y a pas de chauffage. On met des briques chaudes dans les lits. En l'absence d'eau courante, il n'y a pas de chauffage central, ni de salle de bains ou de toilettes. Les WC sont souvent à l'extérieur. Il n'y a souvent qu'un fourneau ou un poêle pour chauffer toute la maison et il n'est pas rare, en hiver, de voir les fenêtres se couvrir de glace. Par contre, on accorde une grande importance à la salle à manger où se trouvent les beaux meubles, pièce que l'on est fier de montrer aux visiteurs mais que l'on utilise rarement.

ACTUALITES INTERNATIONALES

Dinky Toys
Les modèles réduits Dinky Toys, qui appartiennent au groupe britannique Meccano, connaissent un succès croissant. Ce sont des répliques de voitures, réalisées en alliage de zinc 'zamak', à l'échelle 1/43e. La production sera bientôt scindée, entre l'usine britannique et la nouvelle usine française de Bobigny, dont la production s'inspire des marques de voitures françaises.

POLITIQUE

Chute du gouvernement
5 février 1955. En plein trouble politique de la IVème république et dans un contexte de guerre d'Algérie, le gouvernement de Pierre Mendès France (photo), nommé en juin 1954 par René Coty, chute après 7 mois d'existence. Une fin prématurée en raison d'une volonté d'arrêter et de négocier la fin de la guerre de l'Algérie, s'attirant des ennemis en faveur de la colonisation.

26 OCT 1955
Proclamation à Saigon de la République du Viêt Nam.

6 NOV 1955
Les accords de La Celle-Saint-Cloud mettent fin au protectorat français du Maroc.

8 DÉC 1955
Formation du Front républicain par Mollet, Mendès France, Mitterrand et Chaban-Delmas.

1955

Conteneur

La White Pass & Yukon Route lance un nouveau système pour charger des navires : le conteneur. En 1955, le premier porte-conteneurs au monde est construit pour la WP&YR, le Clifford J. Rogers. Le conteneur permet de transporter des marchandises de manière très efficace. On les monte d'abord sur un camion et puis sur un train. Le conteneur est finalement installé à bord du navire au port de Vancouver.

Le monde McDo

15 avril 1955. Ray Kroc a commencé par vendre des milkshakes derrière son comptoir, avant de réussir à racheter les droits liés aux restaurants des frères McDonald. Il y proposera des hamburgers confectionnés à la chaîne, servis directement après la commande. En 1955, Kroc ouvre son premier restaurant franchisé, premier maillon d'une chaîne de restaurants à hamburgers qui fera fureur dans le monde entier.

Tiers-Monde

18 avril 1955. Désormais libérés des jougs néerlandais et britanniques, les dirigeants indonésien Soekarno et indien Nehru convoquent la conférence de Bandung (Indonésie), à laquelle participent les pays qui viennent de conquérir leur indépendance ou luttent encore contre leur colonisateur pour débattre de leurs intérêts communs. Près de la moitié de la population mondiale y est représentée. Au cours de son allocution d'ouverture, Soekarno utilise le terme de 'tiers-monde' pour désigner les 'nouveaux' pays qui veulent voler de leurs propres ailes. En quelques années, 18 nouveaux pays deviendront indépendants. Bandung sera à l'origine de l'entrée en 1955 de 16 nouveaux pays au sein des Nations Unies.

Le génie pur

18 avril 1955. Albert Einstein est généralement considéré comme le plus grand scientifique de l'histoire et son nom est synonyme de génie. Avec sa théorie de la relativité et ses travaux sur la mécanique quantique, il a bouleversé les connaissances scientifiques de l'époque. Sa célèbre formule $E=mc^2$ ouvrira la voie à la découverte de l'énergie - et des armes - atomiques. Il décède le 18 avril dans un hôpital de Princeton, aux États-Unis, à la suite d'une hémorragie interne.

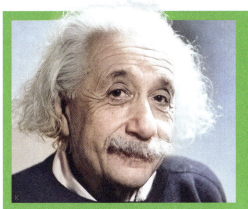

1955

Le pacte de Varsovie
14 mai 1955. Répondant à la création de l'OTAN, 8 pays communistes fondent le pacte de Varsovie, par lequel ils décident d'une défense commune en cas d'agression étrangère contre l'un de ses membres. De plus, l'Union Soviétique se voit octroyer le droit de stationner des troupes en Allemagne de l'Est.

Mouvement du 26 juillet
12 mai 1955. Le leader révolutionnaire cubain Fidel Castro est libéré après une tentative ratée de s'emparer d'armes dans la caserne Macondo, afin d'initier une guerilla contre le dictateur Batista. Il fonde alors avec son frère Raoul et l'Argentin Che Guevara le mouvement du 26 juillet, référence à la date de l'arrestation de Castro à la suite de l'échec de l'attaque de la caserne en 1953. La Révolution cubaine commence alors.

Parc d'attraction Walt Disney
17 juillet 1955. La firme Disney étant en pleine expansion avec une popularité croissante, Walt Disney décide de créer un parc à thème où les familles et les fans de l'univers pourront vivre un moment magique autour des personnages et les films de Disney. Le premier parc voit le jour à Los Angeles le 17 juillet.

Guerre du Viêt Nâm
1er novembre 1955. Les Américains prennent la succession des Français au Sud-Viêt Nâm et désignent un groupe consultatif d'assistance militaire (MAAG). Il est chargé de soutenir le Gouvernement de Ngô Đình Diệm par des conseils et du matériel militaire dans sa lutte contre la guerila communiste.

Radio

L'Europe Unie
6 novembre 1955. Le Conseil de l'Europe se choisit un drapeau bleu frappé d'un cercle de 12 étoiles dorées comme nouvel étendard. Il s'agit de symboliser le ciel bleu du monde occidental, alors que le cercle étoilé fait référence à l'unité et à la solidarité des peuples d'Europe. Selon le *Livre de Jonas*, les 12 étoiles représentent la perfection.

1955

Rosa Parks et les droits civiques
1er décembre 1955. La couturière noire Rosa Parks prend place dans un bus de sa ville de Montgomery, et refuse de céder sa place à un homme blanc. En vertu des lois de l'Alabama, la jeune femme est condamnée à payer une amende. Le pasteur noir protestant Martin Luther King Jr. appelle au boycott de la société de cars. La Cour suprême des Etats-Unis jugera plus tard la ségrégation dans les bus anticonstitutionnelle.

Un sous-marin atomique
17 janvier 1955. Sortie du tout nouveau sous-marin USS Nautilus, de la marine américaine ; c'est le premier submersible à propulsion nucléaire. Il est capable de rester en plongée bien plus longtemps que ses prédécesseurs alimentés au diesel. Il a été baptisé du nom du célèbre sous-marin du capitaine Nemo, né de l'imagination de l'écrivain Jules Verne, l'auteur de *20 000 lieues sous les mers*.

Scrabble
Jeu uniquement anglais à l'origine, c'est grâce à Jacques Brunot, entrepreneur américain, que le scrabble est commercialisé en France. Avec quelques modifications par rapport à sa version américaine, le jeu connait un gros succès en France dès sa sortie, notamment grâce à des animations dans les Clubs Méditerranée.

Télé-magazine
30 octobre 1955. Avec la démocratisation du monde de l'audiovisuel, Marcel Leclerc crée le tout premier magazine de télévision française. Cette brochure présente les programmes de l'unique chaine de l'époque : RTF Télévision. Mise à prix à 15 francs, elle connaît rapidement un succès auprès des téléspectateurs.

En votre âme et conscience
25 novembre 1955. Avec l'émission juridiciaire *En votre âme et conscience*, les premiers gros programmes du genre débutent sur RTF Télévision. Présentée par Pierre Dumayet, cette émission relate une grande affaire judiciaire de l'époque tout en demandant aux téléspectateurs de rejuger l'affaire en leur âme et conscience.

Premier livre des records
27 août 1955. La première édition du livre Guinness des records voit le jour. Cette édition iconique est née d'un débat entre Sir Hugh Beaver, alors directeur de la brasserie Guinness, et ses amis lors d'une partie de chasse où on se questionnait sur le gibier le plus rapide. Une longue recherche dans de nombreux livres fit émerger l'idée de rassembler les divers records du monde dans un seul et même ouvrage.

Le 2.55 de Chanel
Sorti en février 1955 et conçu par Gabrielle Chanel elle-même, le 2.55 est un sac à main matelassé qui s'avèrera rapidement indispensable pour les célébrités du monde entier. Ce sac à main intemporel et élégant deviendra un phénomène mondial grâce au cinéma et aux défilés de mode.

1955

Héros de western
1955 marque le début de la collaboration entre l'auteur de bande dessinée Morris et le scénariste des albums *Astérix*, René Goscinny. Il se laisse inspirer par les westerns les plus connus comme *Billy the Kid* pour les angles de point de vue : close-up, vue frontale, vue latérale, panorama, plongée... En 1988, il remplacera la cigarette dans la bouche du cowboy Lucky Luke par un brin d'herbe, ce qui lui rapporte un prix de l'Organisation mondiale de la santé. À terme, les albums *Lucky Luke* paraîtront en 30 langues dans le monde.

James Dean disparait
30 septembre 1955. Le décès de James Dean est annoncé officiellement : l'acteur a été tué sur le coup dans un accident de voiture alors qu'il se rendait à une course automobile au volant de sa Porsche 550 Spyder. James Dean a tourné trois films en tant qu'acteur principal : *La fureur de vivre*, *A l'Est d'Eden* et *Géant*. Il disparaît ainsi à 23 ans aux prémices de sa gloire. Symbole de l'adolescent fragile et rebelle pour toute une génération, son décès prématuré participe à sa légende.

La Belle et le Clochard
16 décembre 1955. C'est la première en France du dix-neuvième film d'animation des célèbres studios Disney. Il narre les aventures palpitantes de Lady, une jolie chienne cocker spaniel, et de Clochard, un chien de la rue au grand cœur. La scène pendant laquelle les deux chiens partagent un plat de pâtes chez Tony, mangent le même spaghetti et s'embrassent est un moment d'anthologie.

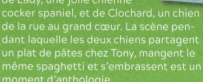

Les Eaux Mêlées
Le prix Goncourt est attribué à Roger Ikor pour son roman *Les Eaux mêlées*, suite d'un premier tome intitulé *La greffe de printemps*. Ce diptyque dresse la chronique d'une famille juive exilée en France, fuyant les pogroms de sa Russie natale. L'ouvrage traite avec finesse de la question de l'immigration et du processus d'assimilation sur plusieurs générations.

Sur les quais
31 mars 1955. Le film *Sur les quais* d'Elia Kazan avec Marlon Brando décroche 8 Oscars dont ceux du meilleur film et de la meilleure interprétation masculine.

Rencontre princière
Le prince Rainier III de Monaco rencontre Grace Kelly au Festival de Cannes. Ils se marient l'année suivante.

1955

MUSIQUE

Le temple du rock
À Paris, le Golf-Drouot ouvre ses portes, une combinaison unique d'un salon de thé et d'un parcours de mini-golf intérieur. En 1957, l'inspirateur Henri Leproux installe un jukebox et une scène dans l'établissement pour attirer un public plus jeune. Toutes les futures stars du rock français font leur apparition : Johnny Hallyday, Eddy Mitchell, Les Tritons avec Jacques Dutronc, Les Cinq Rocks qui deviendront plus tard Les Chaussettes Noires... La grande attraction est le concours de talents du vendredi soir. 4 ou 5 noms peuvent chacun tenter pendant une demi-heure de charmer le public. Le gagnant peut remporter un enregistrement en studio. Le 'temple du rock' ferme ses portes en novembre 1981. Plus de 6 000 noms y sont montés sur scène.

Rock around the clock
Sorti une première fois sans grand succès, le titre *(We're Gonna) Rock Around The Clock* de Bill Haley & His Comets se classe numéro 1 aux Etats-Unis pendant plusieurs semaines après avoir été choisi pour la bande de son du film *Graine de Violence*.

Tutti Frutti
Alors qu'il est en train d'enregistrer un album de blues à la Nouvelle-Orléans à la fin de l'année 1955, Little Richard fredonne le titre *Tutti Frutti* et son célèbre « A-wop-bom-a-loo-mop-a-lomp-bom-bom ! » durant une pause. Le producteur Robert Blackwell qui l'entend saisit le potentiel commercial de la mélodie et fait enregistrer le titre.

La chute du 78 tours
Avant 1950, les disques étaient principalement fabriqués en gomme-laque et tournaient à 78 tours par minute. En 1951, les vinyles sont commercialisés aux nouveaux standards de 45 ou 33 tours par minute. C'est en 1955 que, pour la première fois, les ventes de 45 tours dépassent les ventes de 78 tours.

La bourse des chansons
C'est en 1955 qu'est lancé le premier classement fiable de ventes de chansons en France. Créé par l'auteur André Salvet et publié par *Le Figaro*, il est baptisé *La bourse des chansons*. Il classe les meilleures ventes de petits formats, c'est-à-dire les partitions musicales qui sont notamment vendues par les chanteurs des rues et ne se base pas - encore - sur la vente de disques.

1955

La rockeuse Renaud

1er février 1955. Line Renaud se produit au Waldorf-Astoria de New York. Elle est aux Etats-Unis à l'invitation du présentateur de télévision Bob Hope, qui l'avait vue au Moulin Rouge à Paris un an plus tôt. Renaud plaît visiblement aux Américains. Elle se produit sur plusieurs grandes scènes et est l'invitée privilégiée des émissions de télévision. Le voyage outre-mer laisse des traces. Renaud est l'un des premiers artistes français à enregistrer une chanson de rock'n'roll. Fin 1955, elle reprend *Tweedlee dee*, une chanson de l'Américaine LaVern Baker.

MES 18 PREMIÈRES ANNÉES
TOP 10 — 1955

1. **Philippe Clay** *Le danseur de charleston*
2. **Jacqueline François** *Les lavandières du Portugal*
3. **Yvette Giraud** *Un p'tit peu d'argent*
4. **Bill Haley & His Comets** *Rock Around The Clock*
5. **Julie London** *Cry Me a River*
6. **The Platters** *Only You*
7. **Line Renaud** *Tweedle dee*
8. **Little Richard** *Tutti Frutti*
9. **Frank Sinatra** *Love and Marriage*
10. **Charles Trenet** *Route nationale 7*

Open ▶ | Search 🔍 | Scan 📷

Sur ma vie

Le titre *Sur ma vie* est le premier succès populaire de Charles Aznavour. Quelques années plus tard, le succès de la chanson *Je m'voyais déjà* lui permettra de s'affirmer comme un artiste de premier plan.

Les jambes de Marilyn

Tout le monde se souvient de la scène du métro où la robe blanche de Marilyn Monroe se soulève sur la grille d'aération du métro. *Sept Ans de réflexion (The Seven Year Itch)* est une comédie américaine de Billy Wilder, sortie en 1955. Marilyn Monroe partage la tête d'affiche avec Tom Ewell. Elle incarne le rôle d'une jeune femme naïve et spontanée. Son personnage n'a pas de nom. Elle est belle, le sait mais n'en joue pas : elle séduit sans vouloir séduire.

Route nationale 7

La RN7 relie Paris à la Côte d'Azur. Dans les années 1950, elle est surnommée 'la route des vacances'. Le chanteur populaire Charles Trenet l'emprunte régulièrement pour se rendre dans ses nombreuses résidences secondaires dans le Sud. Un matin, dans le jardin de La Carrière, son refuge à Juan-les-Pins, l'idée de faire une ode à la plus longue des routes nationales françaises lui vient à l'esprit. *Nationale 7* devient le tube de l'été 1955. Le chanteur sera honoré en 2011 par un rond-point Charles Trenet à Montélimar.

RÉPONSE PHOTOS Copyright 2024, TDM Rights BV.
Photos : **A** Keystone-France - Gamma-Keystone - Getty Images / **B** Norman Potter - Hulton Archive - Getty Images / **C** Roger Viollet - Getty Images / **D** Keystone - Hulton Archive - Getty Images / **E** Roger Viollet - Getty Images / **F** Keystone-France - Gamma-Keystone - Getty Images / **G** API - Gamma-Rapho - Getty Images / **H** Francois Ducasse - Gamma-Rapho - Getty Images / **I** Reporters Associes - Gamma-Rapho - Getty Images / **J** API - Gamma-Rapho - Getty Images / **K** Duinen - Anefo - Nationaal Archief CCO / **L** Apic - Hulton Archive - Getty Images / **M** United Archives - Hulton Archive - Getty Images / **N** API - Gamma-Rapho - Getty Images / **O** Haywood Magee - Picture Post - Getty Images / **P** Reporters Associes - Gamma-Rapho - Getty Images / **Q** Bettmann - Getty Images / **R** Silver Screen Collection - Moviepix - Getty Images / **S** Keystone - Getty Images / **T** Hulton Deutsch Corbis Historical - Getty Images.

1956 — MES 18 PREMIÈRES ANNÉES

SPORT

Un hiver pas comme les autres
26 janvier 1956. Les septièmes Jeux olympiques d'hiver se déroulent à Cortina d'Ampezzo. 32 nations sont présentes pour s'affronter sur 4 sports et 24 épreuves et c'est l'Union Soviétique qui terminera en tête du tableau d'honneur (16 médailles), devant l'Autriche (11) et la Finlande (7). Pour l'unique fois, l'équipe de France olympique ne remporte aucune médaille.

Fangio roi de la F1
2 septembre 1956. L'argentin Juan Manuel Fangio remporte au volant de sa Ferrari le quatrième de ses 5 titres de Champion du monde de Formule 1 avec 4 victoires sur les 8 courses de la saison.

Un enfant terrible
17 octobre 1956. A New York, le tout jeune joueur d'échecs Bobby Fischer, 13 ans, fait sensation en battant son adversaire Donald Byrne au terme d'une partie haletante, jouée à l'occasion d'un 'Game of the century' (Partie du siècle). Fischer s'affirmera ensuite comme l'un des joueurs d'échecs les plus géniaux de l'histoire de ce sport cérébral, tout en se comportant en enfant terrible...

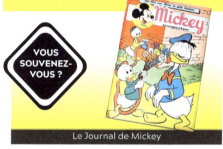

Le Journal de Mickey

Le Stade de Reims en finale européenne
13 juin 1956. Alfredo Di Stefano contre Raymond Kopa, le Real Madrid contre le Stade de Reims. C'est l'affiche de la finale de la Coupe des clubs champions, ancêtre de la Ligue des champions. Disputé à Paris, le match verra la victoire 4 - 3 des Espagnols alors que les Rémois menaient 3 - 2 à l'heure de jeu, mais restera comme la première finale européenne d'un club français.

Le Tour franco-français
28 juillet 1956. La 43e édition du Tour de France part de Reims et, passant par la Belgique et l'Italie, arrivera à Paris le 28 juillet. Une édition particulière, puisque ce sont deux Français qui termineront sur les deux premières marches du podium, Roger Walkowiak et Gilbert Bauvin, respectivement premier et deuxième. C'est également à partir de cette édition que les changements de roue seront autorisés après une crevaison.

25 JAN 1956
Sortie de la Dauphine par Renault. Ce modèle sera produit jusqu'en 1967.

28 FEV 1956
Exécution d'Emile Buisson, on lui reproche 10 meurtres et 100 hold-up.

MAR 1956
Indépendance du Maroc (2 mars) et de la Tunisie (20 mars).

1956

Alain Mimoun en or
1er décembre 1956. Organisés à Melbourne, les seizièmes Jeux olympiques sont les premiers à se dérouler dans l'hémisphère sud. Alain Mimoun, alors au sommet de sa forme, y décrochera pour la première fois l'or olympique sur l'épreuve du marathon malgré une température de 36 degrés.

Le premier match à la télé
29 décembre 1956. C'est la rencontre Reims-Metz. L'ORTF paye au Stade de Reims la différence entre la recette du jour et la moyenne des recettes du club. Cette première reste sans suite. Le parc est alors estimé à 700.000 téléviseurs en France.

Triple champion
Le nageur australien Murray Rose, alors tout juste âgé de 17 ans, remporte 3 médailles d'or lors des Jeux olympiques de Melbourne, sur 400 m nage libre, 1 500 m nage libre et relais 4 x 200 m nage libre.

Premier trophée du Ballon d'or
18 décembre 1956. Créé par le magazine *France Football*, le Ballon d'or est la distinction individuelle suprême pour les footballeurs. Ce trophée, qui récompense le meilleur joueur européen jouant en Europe, concerne 16 nations. Pour cette première, c'est l'Anglais Stanley Matthews qui remporte le trophée, suivi de l'Espagnol Alfredo Di Stefano, du Français Raymond Kopa, du Hongrois Ferenc Puskas et du Soviétique Lev Yachine.

ACTUALITES

Sur les bancs de l'école
C'est l'époque des tableaux noirs, des craies qui grincent, des cours de morale et du certificat d'étude primaire. L'enseignement jusqu'au certificat d'étude est axé sur le calcul, les sciences, l'histoire, la géographie et beaucoup de français : orthographe, grammaire, conjugaisons, dictées, rédactions.

20 AVR 1956
Manifestation pacifique contre la guerre d'Algérie à Voiron, près de Grenoble.

8 MAI 1956
Le Gouvernement français décide le rappel de 50 000 réservistes.

15 JUN 1956
Découverte de pétrole à Hassi Messaoud en Algérie par SN REPAL (Elf Aquitaine).

1956

Ça coûte combien ?
Le pain ce chiffre à 0,005 euros, le lait à 0,819 euros le litre, le vin rouge de table à 0,109 euros le litre, le journal se vend à 0,015 euros

La 'Journée des tomates'
6 février 1956. Lors d'une visite commémorative en Algérie, le Président du Conseil des ministres, Guy Mollet, est accueilli par des manifestations hostiles et des huées de la foule. En cause, la politique et le positionnement du Gouvernement français sur l'Algérie française suscitant de vives contestations. Le cortège présidentiel sera la cible d'une pluie de fruits et légumes, dont des tomates, jetés par la foule hostile.

Financer les retraites
5 mai 1956. Une nouvelle loi établit le minimum vieillesse, un dispositif visant à garantir un revenu de base aux personnes de plus de 65 ans en situation de précarité. Le Gouvernement crée une taxe sur les automobiles, la vignette, afin de financer les retraites. Elle sera supprimée par Laurent Fabius en 2000.

Plus d'alcool à l'école ?
8 août 1956. Une circulaire gouvernementale interdit la distribution d'alcool dans les cantines scolaires pour les élèves de moins de 14 ans. Cette mesure vise à promouvoir la santé et le bien-être. Jusqu'à présent le vin et le cidre étaient répandus sur les tables des réfectoires.

Tourne-disque

Plus de congés payés
28 février 1956. Une nouvelle loi décide d'ajouter une troisième semaine aux congés payés. Cette loi sera promulguée le 27 mars, avec l'objectif affiché d'améliorer les conditions de travail et le bien-être de la population active.

JUL 1956
400 000 hommes français sont déployés en Algérie.

8 AOÛ 1956
262 mineurs perdent la vie dans la catastrophe du Bois du Cazier à Charleroi en Belgique.

19 SEP 1956
Ouverture du premier Congrès des écrivains et artistes noirs à la Sorbonne à Paris.

1956

Uruffe pleure
3 décembre 1956. Guy Desnoyers, curé dans le département Meurthe-et-Moselle, tue sa maîtresse, Régine Fays (19 ans) qui porte son enfant. Le prêtre est condamné aux travaux forcés. Dans le cimetière d'Uruffe, la tombe porte l'inscription suivante : « Ici repose Fays Régine tuée le 3 décembre 1956 par le curé de la paroisse à l'âge de 19 ans ». En dépit des demandes répétées de l'évêché, la famille refuse de retirer la plaque. Depuis le décès du père de Régine, elle ne mentionne plus que les noms des 2 victimes, sans plus de précision.

La centrale nucléaire de Marcoule
15 décembre 1956. C'est une étape clé dans le développement nucléaire de la France : la mise en route de la pile atomique de Marcoule. Ce site, situé dans le département du Gard, est le premier en France à produire de l'électricité à partir de l'énergie nucléaire. Marcoule joue un rôle crucial dans le programme nucléaire français, symbolisant le début d'une ère de recherche et de production d'énergie atomique dans le pays.

Morts sur le Mont Blanc
22 décembre 1956. Le tragique échec des opérations de sauvetage des alpinistes Jean Vincendon et François Henry plonge le monde de l'alpinisme dans le deuil. Partis pour l'ascension du Mont Blanc, les 2 alpinistes ont dû faire face à des conditions météorologiques dévastatrices les emprisonnant dans un endroit quasiment inaccessible à plus de 4 000 mètres d'altitude. Malgré les efforts acharnés des équipes de secours, dont le crash de l'hélicoptère envoyé à leur rescousse, et après deux semaines d'agonie, les 2 aventuriers décèdent dans un froid glacial.

POLITIQUE

Pouvoirs spéciaux
12 mars 1956. Face à la montée des tensions en Algérie, le Parlement accorde au Gouvernement des pouvoirs spéciaux. Le résultat ? Le Président du Conseil des ministres, Guy Mollet, peut prendre des mesures d'urgence telles que la restriction des libertés publiques, le contrôle de la presse ou encore la possibilité de gouverner par des décrets-lois.

31 OCT 1956
Bombardement des alliés d'Israël contre la nationalisation du canal de Suez par l'Egypte.

30 NOV 1956
Début du rationnement de l'essence pendant la crise de Suez (fin le 28 juin 1957).

19 DÉC 1956
La sortie du film *Notre-Dame de Paris*, avec Gina Lollobrigida et Anthony Quinn.

1956

La décolonisation s'annonce
23 juin 1956. La loi-cadre Defferre accorde une plus grande autonomie aux territoires d'outre-mer tout en maintenant des liens avec la France. Elle permet à ces territoires de prendre des décisions sur des questions locales.

La Tunisie indépendante
20 mars 1956. Le protocole d'accords franco-tunisien met fin à 75 ans de protectorat français sur la Tunisie. L'événement marque le retour de la souveraineté tunisienne.

Conte de fées princier
19 avril 1956. C'est le mariage romantico-mondain de l'année : les noces du prince Rainier III de Monaco avec l'actrice hollywoodienne et oscarisée Grace Kelly. Les jeunes époux se sont connus au Festival de Cannes et célèbrent leur union en grande pompe, suscitant l'hystérie de la presse mondiale. Grace Kelly devient ainsi officiellement Son Altesse Sérénissime la princesse de Monaco. Elle symbolise le glamour partout dans le monde et cadre parfaitement avec l'image d'un Monaco paradis de la Jet Set.

ACTUALITES INTERNATIONALES

Krouchtchev, l'anti-Staline
26 février 1956. Au cours du vingtième congrès du parti communiste de l'Union Soviétique, son premier secrétaire et Président du Conseil des ministres Nikita Krouchtchev prend le contrepied de la politique appliquée par son prédécesseur Joseph Staline. Le '(Petit) Père des Peuples' est devenu un 'ennemi du peuple', responsable de la déportation et de l'élimination de centaines de milliers de citoyens.

Fin du protectorat français au Maroc
2 mars 1956. La France reconnaît la fin du protectorat au Maroc. Le sultan Sidi Mohammed ben Youssef deviendra en effet roi du Maroc, sous le nom de Mohammed V. Ce moment historique met fin à des décennies de présence coloniale française.

En conteneur
26 avril 1956. Grâce à un gigantesque emprunt, l'entrepreneur américain Malcolm McLean achète 2 navires pétroliers, qu'il transforme afin qu'ils puissent transporter de grandes quantités de conteneurs. Leur chargement est 36 fois plus rapide et coûte bien moins cher que celui des cargos transporteurs de marchandises. McLean lance ainsi une véritable révolution dans le domaine du transport maritime et du commerce mondial.

1956

L'ordinateur
13 septembre 1956. La société IBM présente son ordinateur 305 RAMAC, le premier à utiliser un disque dur permettant de sauvegarder des données. Il peut en stocker un maximum de 5 MB. La nouvelle machine répond à une demande des entreprises de pouvoir disposer d'une base de données permanente. Elles doivent toutefois se donner les moyens d'accueillir en leurs murs le RAMAC qui fait la taille d'un homme, mesure 1 m 50 de long et sa location coûte 3 200 dollars par mois.

Le téléphone transatlantique
25 septembre 1956. La première liaison par câble téléphonique accélère considérablement les communications entre l'Europe et l'Amérique.

La révolte hongroise
23 octobre 1956. Des citoyens hongrois manifestent violemment dans les rues et détruisent tous les symboles communistes qu'ils rencontrent. Quand le secrétaire général du parti communiste magyare taxe les manifestants d'ennemis du peuple, la révolte prend la dimension d'une Révolution. Les manifestants s'opposent alors à la police, envahissent le Parlement et proclament Imre Nagy Premier ministre. A ce moment, la révolte hongroise semble couronnée de succès mais une réaction immédiate et musclée des partisans de Moscou installe un faire-valoir de l'Union Soviétique au Parlement. Les événements ont coûté la vie à plus de 2 500 victimes hongroises et 250 000 citoyens magyares ont quitté leur pays. Imre Nagy sera pendu.

Crise de Suez
29 octobre 1956. C'est l'une des crises diplomatiques majeures du XXe siècle. En octobre, le Président égyptien Nasser et les Etats-Unis s'opposent sur un sujet géopolitique majeur : le Canal de Suez. Le désaccord dégénère en conflit armé, avec l'entrée en jeu d'Israël, de la France et de de la Grande-Bretagne. Les Nations-Unies parviennent à persuader les belligérants de respecter un cessez-le-feu.

La guerilla à Cuba
26 novembre 1956. Un groupuscule de 82 exilés cubains mené par Fidel Castro embarque sur le voilier Granma à partir de Tuxan, au Mexique, à destination de Cuba. But de l'opération : combattre le dictateur cubain Batista. Les révolutionnaires débarquent sur l'île le 2 décembre. C'est le début de la Révolution cubaine. Mais l'opération échoue et Fidel, le Che et les autres se réfugient dans la Sierra Madre, au Mexique, pour préparer la suite des opérations.

1956

Ceinture de sécurité

Ford est le premier grand constructeur de voitures à proposer la ceinture de sécurité. C'est une ceinture à 2 points d'ancrage. Le fabricant Volvo proposera une ceinture à 3 points d'ancrage, qui recouvre l'épaule et offre une meilleure protection.

DIVERTISSEMENT

La Tour Eiffel en feu

3 janvier 1956. Le relais de télévision de la Radio Télévision Française (RTF) situé au troisième étage de la Tour Eiffel est ravagé par un incendie. Le dispositif étant obsolète et son abandon programmé, il ne sera finalement pas réparé.

La Pointe courte

4 janvier 1956. Ce film, le premier de la réalisatrice Agnès Varda, tourné à Sète avec un budget limité et une équipe réduite, sera salué dès sa sortie pour son approche novatrice et expérimentale.

La Pointe courte, outre l'histoire d'amour entre les 2 personnages joués par Silvia Monfort et Philippe Noiret, est en effet le précurseur du mouvement cinématographique de la Nouvelle Vague avec son style visuel distinctif, sa narration non linéaire et son exploration poétique de la vie quotidienne.

La Piste aux étoiles

26 avril 1956. Animée par Roger Lanzac puis par le célèbre présentateur Jacques Chancel, cette émission de variétés offre une plateforme aux artistes émergents et confirmés, mettant en avant des talents musicaux, comiques et circassiens. Présentée tous les mercredis soir sur les antennes de l'ORTF, en alternance depuis le cirque d'hiver à Paris et le cirque Pinder.

Les Enigmes de l'histoire

22 mai 1956. Cette émission historique explore des affaires non résolues, des disparitions, ou des légendes. Grâce à des reconstitutions visuelles et des analyses approfondies, elle a captivé les téléspectateurs tout en éduquant le public sur des événements historiques intrigants.

Le monde du silence

26 mai 1956. Réalisé par Jacques-Yves Cousteau et Louis Malle, ce film documentaire est présenté en avant-première lors du Festival de Cannes où il décrochera la Palme d'or. Cette œuvre emblématique explore les mystères des fonds marins, offrant des images révolutionnaires de la vie aquatique.

La table ouverte

Un des tout premiers feuilletons de la télévision française, *La table ouverte* est une comédie familiale de 11 épisodes en noir et blanc. On y suit avec humour les aventures de la famille Anodin à travers des intrigues de la vie quotidienne. Malgré un succès mitigé en raison d'un scénario considéré comme trop simple, la série pose les bases des prochains feuilletons des années 50 et 60.

1956

La prisonnière du désert
8 août 1956. Réalisé par John Ford, le film est un western emblématique mettant en vedette John Wayne dans le rôle d'Ethan Edwards. L'histoire le suit dans sa quête pour retrouver sa nièce enlevée par des Comanches après le massacre de sa famille. *La prisonnière du désert* est considérée comme l'un des meilleurs westerns de tous les temps.

Les petits hommes bleus
Pierre Culliford, mieux connu sous son nom d'artiste de Peyo, dessine ses premiers Schtroumpfs. Ils sont inspirés de personnages qu'il peignait pour un film d'animation jamais achevé, 'un cadeau à la fée'. Les petits hommes bleus deviennent rapidement célèbres, à tel point que Peyo installe son propre studio et deviendra un véritable 'esclave' de ses personnages, réclamés aux 4 coins du monde, jusqu'en Amérique.

Livre à sens unique
La chute est un court roman d'Albert Camus, relatant l'histoire de Jean-Baptiste Clamence, un ancien avocat parisien, qui a connu une longue descente morale et se confesse à un inconnu dans un bar d'Amsterdam. La spécificité tient au fait que le personnage central est le seul à parler tout le long de l'ouvrage. L'histoire n'étant contée qu'à travers l'unique point de vue de l'avocat, le lecteur s'identifie fortement au personnage.

Nuit et Brouillard
Réalisé par Alain Resnais, le film documentaire *Nuit et Brouillard* sort en 1956. Un film bouleversant sur la déportation et les camps d'extermination nazis de la Seconde Guerre mondiale. En 32 minutes, il montre la réalité des camps et le calvaire vécu par les prisonniers en mélangeant archives en noir et blanc et images tournées en couleur. Un film choc.

Sport à la télévision
18 novembre 1956. La télévision française connaît une petite révolution avec les débuts de *Sports dimanche*, la première émission de sport jamais diffusée. Proposée au format hebdomadaire sur RTF Télévision, elle traite un large éventail de contenus sportifs, avec des reportages, des interviews et des analyses sur l'actualité du moment.

1956

Les Dix Commandements
Annoncé comme un blockbuster, *Les Dix Commandements* de Cecil B. DeMille n'a pas déçu lors de sa sortie en 1956. Un film de 3 h 42 sur l'histoire de Moïse, et sa quête pour libérer son peuple. Le long métrage est, à l'époque, le film le plus cher jamais produit avec un budget de 13 millions de dollars, mais aussi, celui avec le plus de figurants : 10 000 personnes. Il est largement récompensé par la critique, les médias, et les spectateurs.

Et dieu...créa la femme
28 novembre 1956. Ce film français réalisé par Roger Vadim est notamment célèbre pour avoir propulsé Brigitte Bardot au statut d'icône cinématographique. L'histoire se déroule à Saint-Tropez et suit le personnage de Juliette, une jeune femme provocante et libre d'esprit. Le film aborde les thèmes de la sexualité, de la rébellion et de la quête de liberté, suscitant de nombreuses controverses. Succès international, le film contribue à redéfinir les normes cinématographiques de l'époque.

Elvis
22 février 1956. La carrière d'Elvis Presley est en train d'exploser. C'est avec son *Heartbreak Hotel* qu'il entre pour la première fois dans les hit-parades. Deux semaines plus tard, c'est la sortie de son premier album, unanimement plébiscité et sobrement intitulé *Elvis Presley*. Il contient des titres devenus iconiques comme Blue *Suede Shoes*, *Blue Moon* et *Tutti Frutti*. A l'occasion de ses apparitions télévisées dans le Ed Sullivan Show, il affole les jeunes téléspectateurs, subjugués par ses déhanchements et la profondeur de sa voix rockabilly. Ses prestations sont cependant peu appréciées des parents de ses jeunes fans et des critiques musicaux, qui se disent scandalisés. Mais rien n'y fait ; le phénomène Elvis continue à faire des ravages. Sa musique préfigure une ère nouvelle.

Fais moi mal Johnny
Muse du cinéaste italien Federico Fellini, la chanteuse et actrice Magali Noël crée le scandale avec la chanson *Fais-moi mal Johnny*. Une chanson dans laquelle elle appelle de ses vœux une relation sexuelle violente. Les paroles sont jugées trop tendancieuses et la chanson est interdite à la radio.

 MUSIQUE

Les débuts de Brel
Ambitionnant de devenir auteur-compositeur, Jacques Brel se tourne finalement vers le chant pour pouvoir donner vie à ses écrits. En novembre 1956 sort le single *Quand on n'a que l'amour*, premier véritable succès pour le chanteur. L'artiste est salué par le grand public et les médias pour son talent d'écriture et son interprétation.

1956

Mac Kac

Le batteur de jazz Jean-Baptiste Reilles enregistre les premiers disques de rock français. Il choisit pour cela le pseudonyme de Mac Kac. La chanson la plus connue est *T'es pas tombé sur la tête*. Il s'agit d'une reprise de *See you later, alligator* de Bill Haley. Il a été enregistré à la demande des Disques Versailles, société fondée un an plus tôt par le chef d'orchestre Ray Ventura et Bruno Coquatrix, directeur de la célèbre salle de concert parisienne, l'Olympia. Mac Kac est l'un des rares rockers français à avoir été édité aux Etats-Unis. En 1957, le label américain Atlantic publie l'album *Mac-Kac & His French Rock & Roll*.

MES 18 PREMIÈRES ANNÉES
TOP 10 — 1956

1. Charles Aznavour *Sur ma vie*
2. Jacques Brel *Quand on n'a que l'amour*
3. Eddie et Tania Constantine *L'homme et l'enfant*
4. Johnny Cash *I Walk the Line*
5. Doris Day *Whatever Will Be, Will Be*
6. Fats Domino *Blueberry Hill*
7. Gloria Lasso *Etranger au paradis*
8. Magali Noël *Fais-moi mal Johnny*
9. Carl Perkins *Blue Suede Shoes*
10. Elvis Presley *Love Me Tender*

Open | Search | Scan

Dernière danse

L'année 1956 est celle des 50 ans pour l'artiste franco-américaine mais aussi celle de ses adieux à la scène. Joséphine Baker annonce son intention de se retirer du monde de la musique avec une dernière représentation à l'Olympia en décembre. Un concert mémorable qui marque la fin d'une époque pour la chanteuse, figure de la vie publique et de la lutte contre le racisme.

Be-Bop-A-Lula

Enorme succès dès sa sortie pour la chanson *Be-Bop-A-Lula* de Gene Vincent. Une musique qui permet à l'artiste de populariser le rockabilly, un style de rock' n' roll plus porté sur la country.

Festival Eurovision

24 mai 1956. Le Teatro Kursaal, dans la ville suisse de Lugano, accueille la première édition du Concours Eurovision de la chanson. 7 pays y participent : Belgique, Allemagne, France, Italie, Luxembourg, Pays-Bas et Suisse. Chaque pays peut présenter 2 chansons. Pour la France, il s'agit de la chanteuse soprano Mathé Altéry avec *Le temps perdu* et de la chanteuse-comédienne Dany Dauberson avec *Il est là*. Le pays organisateur l'emporte avec *Refrain* de Lys Assia. Il n'y a pas de tableau d'affichage. Seul le vainqueur est annoncé.

RÉPONSE PHOTOS Copyright 2024, TDM Rights BV.
Photos : A Roger Viollet - Getty Images / B Bettmann - Getty Images / C Universal - Sygma - Getty Images / D Kishivan - Shutterstock / E Keystone-France - Gamma-Keystone - Getty Images / F Anefo - Nationaal Archief CC0 / G Apic - Hulton Archive - Getty Images / H Keystone-France - Gamma-Keystone - Getty Images / I Universal History Archive - Universal Images Group Editorial - Getty Images / J Bettmann - Getty Images / K Bettmann - Getty Images / L Bettmann - Getty Images / M Hulton Archive - Archive Photo - Getty Images / N Maher Attar - Sygma - Getty Images / O lab111 - Getty Images / P Keystone-France - Gamma-Keystone - Getty Images / Q Bettmann - Getty Images / R Eric Preuau - Sygma - Getty Images / S Archive Photos - Archive Photos - Getty Images / T John Kisch Archive - Archive Photos - Getty Images / U Gilles Petard - Redferns - Getty Images.

1957

MES 18 PREMIÈRES ANNÉES

SPORT

Force de frappe
1er mai 1957. Le boxeur américain Sugar Ray Robinson connait une année 1957 riche en rebondissements. Alors qu'il a effectué son retour sur les rings en 1954, après une retraite avortée, et qu'il regagne son titre mondial en 1955, il le perd le 2 janvier 1957 face à l'américain Gene Fullmer, avant de le récupérer face au même Fullmer, lui infligeant d'ailleurs le premier KO de sa carrière. Mais il le perdra à nouveau le 23 septembre face à Carmen Castillo, dans un combat qui sera élu combat de l'année 1957.

Le foot à la télé
30 mai 1957. C'est devant 124 000 spectateurs que le Real Madrid accueille les Italiens de la Fiorentina pour la finale de la Coupe des clubs champions 1957. Mais en fait c'est tout un pays qui peut assister à la victoire 2 - 0 des Madrilènes puisque, pour la première fois, un match de football est retransmis en direct à la télévision espagnole.

Record de vitesse
23 juin 1957. La 25e édition des 24 Heures du Mans, outre le duel entre les écuries Jaguar et Ferrari, verra l'établissement d'un nouveau record. En effet, le pilote anglais Mike Hawthorn au volant de sa Ferrari 355S, réalise le tour le plus rapide de la compétition avec une moyenne de 203,015 km/h et devient ainsi le premier à finir un tour à plus de 200 km/h de moyenne. La course de 1957 sera remportée par la Jaguar D-Type de Ron Flockhart et Ivor Bueb.

Le Tour d'Anquetil
20 juillet 1957. Le Tour de France verra 120 coureurs prendre le départ et seulement 56 passer la ligne d'arrivée à Paris, avec un Jacques Anquetil en tête du classement général. Le cycliste français, âgé de 23 ans seulement et qui participe pour la première fois à la Grande Boucle, remporte le premier de ses 5 Tour de France avec 4 victoires d'étapes et près de 15 minutes sur le Belge Marcel Janssens.

JAN 1957
418 000 hommes sont mobilisés en Algérie en début d'année.

14 FEV 1957
Un très violent coup de vent provoque d'énormes dégâts entre la Loire et l'Auvergne.

25 MAR 1957
Signature du Traité de Rome, à l'origine de la création de la Communauté Economique Européenne (CEE).

1957

Champion du monde
18 août 1957. Le cycliste belge Rik Van Steenbergen remporte le championnat du monde à Waregem en Belgique. Il devance Louison Bobet et André Darrigade dans un sprint groupé.

ACTUALITES

La Bataille d'Alger
7 janvier 1957. La 'grande répression d'Alger' voit s'affronter la dixième division de parachutistes de l'Armée française au Front de libération nationale (FLN). Suite aux attentats perpétrés par le FLN dans la capitale algérienne, et utilisant des pouvoirs spéciaux, le général Massu entre dans la ville avec 8 000 hommes et proclame la loi martiale. S'ensuivra la riposte du FLN avec une nouvelle vague d'attentats, une grève générale, et une escalade de la violence militaire, de la répression et une généralisation du recours à la torture de la part de l'armée française.

Sud Aviation
1er mars 1957. Le Concorde et l'hélicoptère Alouette sont les fleurons de l'entreprise Sud-Aviation située dans le Sud de la France. Sud-Aviation est créée le 1er mars par fusion de deux structures existantes et donne naissance au premier constructeur aéronautique d'Europe, employant 24 000 personnes dans 10 villes françaises.

Les Alpes inondées
13 juin 1957. Pendant une semaine, des pluies diluviennes s'abattent dans les Hautes-Alpes et certains des départements limitrophes. Les grandes quantités d'eau de pluie viennent s'additionner à l'important manteau neigeux résultant de chutes de neige tardive. La catastrophe du Queyras, provoquera de lourds dégâts matériels, ponts détruits, routes et voies de chemins fers coupés, ainsi que 2 décès.

6 AVR 1957
L'armateur Aristote Onassis crée la compagnie aérienne Olympic Airways.

6 MAI 1957
John F. Kennedy reçoit le prix Pulitzer pour le livre *Profiles in Courage*.

5 JUN 1957
Le docteur américain Herbert Berger réclame une enquête sur les amphétamines dans le sport.

1957

Elizabeth II en France
8 avril 1957. Promenade en bateau-mouche sur la Seine, visite du Château de Versailles et de l'usine Renault de Flins, repas de gala dans le Louvre, passage sur la Grand-Place de Lille et ovation nourrie lors de la visite d'une usine textile à Roubaix... Tels sont certains des moments clés de la première visite en France de la Reine Elizabeth II et du Prince Philip.

Accident tragique à la Réunion
10 novembre 1957. Un accident d'autocar se produit sur une route sinueuse surplombant la ville de Saint-Paul, sur l'île de la Réunion. A cause d'une défaillance au niveau des freins, l'autocar, avec des passagers à bord, ne peut plus tourner et chute sur 25 mètres. Le bilan : 27 morts et plusieurs blessés.

Une agriculture moderne
C'est en 1957 que le Centre national des jeunes agriculteurs voit le jour. Le syndicat a pour objectif de promouvoir la modernisation de l'agriculture française. Il défend en particulier l'organisation des marchés, la restructuration des exploitations, contribue à l'amélioration de la formation des agriculteurs et des conditions de travail.

La naissance du caddie
Avec l'émergence des supermarchés, l'entreprise familiale Ateliers Réunis décide de produire des chariots en acier, inspiré du modèle américain dénommé 'caddy'. La société fabriquait pourtant jusque-là des mangeoires pour poussins et des articles de ménage. La marque Caddie est déposée cette même année en France, et devient rapidement un nom courant.

Centre national d'études spatiales
19 décembre 1957. La création du CNES marque un engagement actif de la France dans la course à l'espace. En renforçant la présence française dans la recherche et le développement technologique liés à l'exploration spatiale, le CNES contribuera au rayonnement spatial de la France au niveau mondial, par exemple avec le développement du lanceur spatial Ariane ou encore avec la participation à la construction de la Station spatiale internationale.

25 JUL 1957
Proclamation de la république de Tunisie avec Habib Bourguiba comme président.

7 AOÛ 1957
Décès d'Oliver Hardy, le 'gros' du duo Laurel et Hardy, à l'âge de 65 ans.

22 SEP 1957
Début de la dictature de François Duvalier en Haïti après des élections frauduleuses.

1957

POLITIQUE

Le Traité de Rome
25 mars 1957. Le Traité de Rome est l'acte fondateur de l'Union Européenne. Signé entre 6 pays : France, Allemagne de l'Ouest, Belgique, Italie, Luxembourg et Pays-Bas, il institue les bases du marché commun européen et la politique agricole commune. Il sera complété au fur et à mesure de l'intégration de nouveaux pays signataires, jusqu'à être remplacé en 1993 par le Traité de Maastricht.

Chute du gouvernement Mollet
21 mai 1957. Formé le 1er février 1956 sous la présidence de René Coty, le gouvernement de Guy Mollet sera le plus long à tenir sous la IVe République. Ce gouvernement instaure la troisième semaine de congés payés, donne au Maroc et à la Tunisie leur indépendance et signe le Traité de Rome. Mais l'aggravation de la situation en Algérie et le rejet du programme économique et fiscal sonneront sa fin.

Loi-Cadre Defferre
15 juillet 1957. Cette loi vise à accorder davantage d'autonomie aux départements et aux communes.

Loi Gazier
23 novembre 1957. La France introduit la catégorie légale des 'travailleurs handicapés'. Voté ce jour-là, la Loi Gazier instaure une priorité d'emploi pour ces travailleurs, encourageant leur intégration dans le monde professionnel et impliquant des adaptations des postes de travail.

ACTUALITES INTERNATIONALES

La montre électrique
3 janvier 1957. Hamilton Watch Company lance la première montre à pile, la Hamilton Electric 500. Sa popularité atteint son apogée lorsque le public la remarque au poignet d'Elvis Presley dans le film *Blue Hawaii*. Mais il apparaît assez vite que le constructeur a mis un peu prématurément son innovation sur le marché. Des défauts divers sont en effet constatés et nombre de clients mécontents renvoient leur montre au magasin.

4 OCT 1957
Début de la conquête spatiale avec le lancement de Spoutnik 1 par l'Union soviétique.

6 NOV 1957
L'accident des rampes de Saint-Paul à La Réunion coûte la vie à 27 personnes.

13 DÉC 1957
Un rapport fait état des violences commises par les Français lors de la guerre d'indépendance d'Algérie.

1957

La grippe asiatique
1er février 1957. La grippe asiatique fait rage. C'est en Chine, dans la province de Guizhou, que le virus de la grippe aviaire prend naissance. Il se répand rapidement à travers l'Inde, Singapour et Hong Kong, avant de gagner l'Europe et l'Amérique. On dénombrera de 1 à 4 millions de victimes de par le monde.

Le frisbee
13 janvier 1957. L'origine du frisbee est attribuée à un moule à tarte de la pâtisserie Frisbie Pie, que les étudiants de l'université de Yale, aux Etats-Unis, se lançaient dans leurs moments de détente. C'est cette année-là qu'un fabricant de jouets, Wham-O a l'idée de concevoir des disques en plastique inspirés des moules de Frisbie Pie. Le frisbee est né.

Film à bulles
2 ingénieurs, un Américain et un Suisse, imaginent de créer un papier à tapisser censé être lavable, recouvert sur une face d'une couche plastique présentant une certaine texture grâce à l'injection d'air. L'invention s'avère inutilisable en tant que papier à tapisser mais elle donnera naissance au film protecteur à bulles, qui fait aujourd'hui fureur pour emballer les objets fragiles.

Voici la Trabi
2 marques est-allemandes de voitures, Audi et Horch s'associent sous le nom de VEB Sachsenring Automobilwerk. Fruit de leur union : la Trabant P50. Cette voiture présente un châssis métallique d'un seul tenant, une carrosserie en matériau plastique, le Duroplast, et un moteur à 2 temps de 18 chevaux, qui peut la faire rouler à une vitesse maximale de 95 km/h. En RDA, la demande est telle que certains candidats acheteurs n'attendent pas moins de... 13 ans avant de pouvoir profiter de leur 'Trabi'.

Bruxelles-Paris
3 mars 1957. La compagnie aérienne belge Sabena célèbre le 100 000e passager et lance la ligne par hélicoptère Bruxelles-Paris.

Vague d'indépendance
6 mars 1957. À minuit, 4 colonies britanniques d'Afrique acquièrent leur indépendance, rassemblées sous le nom d'un nouveau pays : le Ghana, qui reste toutefois membre du Commonwealth. La décolonisation africaine n'ira qu'en s'accélérant : en quelques années, les colonies françaises, belges, anglaises et portugaises se séparent de leurs colonisateurs.

VOUS SOUVENEZ-VOUS ?

Soldats en plastique

1957

Le Spoutnik
4 octobre 1957. C'est l'année de la naissance de la navigation dans l'espace mais aussi le début de la course à l'espace. Alors que les regards se tournent vers les Etats-Unis lorsqu'on pense à de nouveaux progrès en la matière, ce sont les Soviétiques qui prennent tout le monde de court le 4 octobre en envoyant sur orbite terrestre le premier satellite : Spoutnik. La nouvelle fera l'effet d'une bombe dans le monde occidental et suscitera même quelque inquiétude. Mais les Soviétiques n'en restent pas là, puisque le 3 novembre, ils récidivent avec un deuxième Spoutnik, qui emmène à son bord la chienne Laïka. Celle-ci devient ainsi le premier être terrien vivant à être lancé dans l'espace.

Sommet de l'OTAN
16 décembre 1957. L'Organisation du traité de l'Atlantique Nord (OTAN) met en place une alliance militaire défensive dans un contexte de guerre froide. Le tout premier sommet de l'OTAN se déroule à Paris du 16 au 19 décembre. Cette conférence diplomatique porte sur la réaffirmation des principes fondateurs, la notion d'unité, la coordination, l'organisation des forces militaires et la collaboration économique.

DIVERTISSEMENT

Gaston Lagaffe
28 février 1957. Des espadrilles bleues, un pull vert un peu trop court et une maladresse hors norme. Voici les principales caractéristiques de Gaston Lagaffe, personnage de bande dessinée créé par André Franquin. Apparu pour la première fois dans *Le Journal de Spirou* en 1957, il aura droit à ses propres albums à partir de 1960. Au final, cet anti-héros rêveur, anticonformiste et gaffeur sera le personnage central de 15 albums en 30 ans.

VOUS SOUVENEZ-VOUS ?

Fiat 500

1957

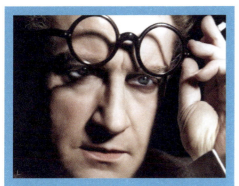

Sacha Guitry nous quitte
24 juillet 1957. Sacha Guitry, célèbre dramaturge et réalisateur français, laisse derrière lui plus de 120 pièces de théâtre et une trentaine de films. Décédé à Paris d'une crise cardiaque à l'âge de 72 ans, celui qui déclarait « Mourir, c'est comme quitter une pièce où l'on n'a pas sommeil pour entrer dans une autre où l'on s'ennuie », reste une référence dans le monde du théâtre et du cinéma français.

Décès de Christian Dior
24 octobre 1957. L'emblématique créateur de mode français Christian Dior décède à Montecatini en Italie, des suites d'une crise cardiaque. Âgé de 52 ans, Dior était au sommet de sa carrière. Fondateur et directeur artistique de la maison de couture Dior, il est connu pour avoir révolutionné la mode avec son célèbre 'New Look'.

Le Pont de la rivière Kwaï
Le film americano-britannique de David Lean est l'adaptation du roman (1952) de l'écrivain français Pierre Boulle. Il obtient 7 Oscars en 1958, dont ceux du meilleur film, du meilleur réalisateur et du meilleur acteur pour Alec Guinness. Le film montre comment des prisonniers britanniques construisent un pont sur la rivière Kwaï en Thaïlande pendant la Seconde Guerre mondiale. Ils y arrivent. Mais ils ne savent pas que les forces alliées veulent détruire leur fameux pont. Affaire à suivre.

Le train de vie
Les Français aiment leurs chemins de fer. *La Bataille du rail*, ce film de René Clément en 1946, les a unis, dans l'inconscient collectif, à la lutte contre l'occupant. Et puis le train n'est-il pas, de loin, leur principal moyen de déplacement ? Avec son slogan publicitaire : « Une gare dans chaque commune », la SNCF affiche son ambition, celle d'ailleurs que lui assignent les gouvernements successifs de la IVe République dans le respect de ses missions de service public, desservir la totalité du territoire métropolitain.

1957

De quoi rêver
Comme les chemins de fer, les postes semblent aptes à combler les aspirations des jeunes Français. 37 % rêvent en effet d'être ingénieurs ou techniciens, 20 % fonctionnaires. Mais seule une minorité, à l'issue de sa scolarité, est munie des diplômes qui ouvrent la voie à ces professions.

La caméra explore le temps
Cette émission de télévision est animée par les historiens André Castelot et Stellio Lorenzi. Pionnière de la télévision historique, elle captive les téléspectateurs avec des reconstitutions minutieuses et des explications éducatives tout en offrant un regard captivant sur des périodes clés du passé. Avec entre autres Jacques Balutin, Françoise Fabian, Michel Piccoli et Jean Rochefort.

Le triporteur
Darry Cowl, Béatrice Altariba, Pierre Mondy et Roger Carel, voilà le casting de *Le triporteur*, film réalisé par Jacques Pinoteau. Le film montre les pérégrinations d'un homme qui, à l'aide de son triporteur, se rend à Nice pour assister à la finale de la coupe de football à laquelle participe l'équipe de son village.

Marcel Pagnol
Sortis tous deux en 1957, *La Gloire de mon père* et *Le Château de ma mère* sont respectivement le premier et le deuxième tome de la suite romanesque autobiographique de Marcel Pagnol sur ses *Souvenirs d'enfance*. Dans ces récits, l'écrivain met sur papier ses souvenirs d'enfance dans la région provençale au début du XXe siècle.

En avion ?
En 1957, 3 023 000 personnes embarquent au Bourget et à Orly. Le prix des billets étant dissuasif, 70 % de ces voyageurs effectuent des déplacements professionnels hors des frontières. Air Inter, qui assure les transports sur le territoire national, date seulement de 1954.

Montand et Signoret
Unies dans la vie depuis 1949 et mariées depuis 1951, les 2 stars françaises sont réunies à l'écran par le réalisateur Yannick Bellon dans *Un matin comme les autres*. Dans ce court métrage, Simone Signoret joue le rôle d'une jeune institutrice qui prend la défense de gens menacées d'expulsion.

1957

La robe Sack
La 'robe Sack' de Givenchy, créée en 1957 par le couturier Hubert de Givenchy, est une pièce emblématique de la mode. Cette robe, aussi connue sous le nom de 'sac à dos', se caractérise par sa ligne simple et épurée, soulignant la taille et mettant en valeur la silhouette féminine. Portée par des célébrités telles qu'Audrey Hepburn, la robe Sack reste une icône de l'élégance et de l'innovation dans la mode.

Le Prix Nobel pour Camus
10 décembre 1957. L'écrivain et philosophe français Albert Camus est honoré du prix Nobel de littérature pour son œuvre littéraire exceptionnelle, marquée par sa réflexion profonde sur les complexités de la condition humaine. Mais Camus est parfois critiqué pour ses positions politiques, notamment sur la guerre d'Algérie.

MUSIQUE

Bambino
Sorti quelques mois plus tôt, le morceau *Bambino*, interprété par Dalida devient numéro 1 des ventes en France au début de l'année 1957. Initialement destinée à la chanteuse Gloria Lasso, la chanson arrive finalement jusqu'à Dalida et s'écoule à plus de 300 000 exemplaires à sa sortie.

Maurice Chevalier à Hollywood
Déjà auréolé de succès dans les années 30 dans plusieurs productions américaines, Maurice Chevalier répond à la proposition de Billy Wilder pour tourner le film *Ariane (Love in the Afternoon)* avec Audrey Hepburn et Gary Cooper.

Les fleurs du mal
Voici le recueil le plus important du poète Charles Baudelaire. Léo Ferré profite du 100e anniversaire pour mettre en musique 12 poèmes. Ferré réalisera 2 autres suites en 1967 et 1977 et s'attaquera également aux œuvres de Louis Aragon et de Paul Verlaine.

1957

Jailhouse Rock
24 septembre 1957. La sortie de la chanson du King *Jailhouse Rock* est un événement mondial. Elle doit d'ailleurs servir à la promotion du film du même nom, avec Elvis et Judy Tyler. Celle-ci mourra dans un accident juste après le tournage du film.

MES 18 PREMIÈRES ANNÉES
TOP 10 — 1957

1. **Harry Belafonte** *Island in The Sun*
2. **Les Compagnons de la Chanson** *Si tous les gars (...)*
3. **Dalida** *Bambino*
4. **Jacqueline François** *Que sera, sera*
5. **Buddy Holly** *Peggy Sue*
6. **Francis Lemarque** *Marjolaine*
7. **Dario Moreno** *Je vais revoir ma blonde*
8. **The Everly Brothers** *Bye Bye Love*
9. **Elvis Presley** *Jailhouse rock*
10. **Jackie Wilson** *Reet Petite*

Open ▸ | Search 🔍 | Scan 📷

The Quarrymen
6 juillet 1957. Après le concert du groupe The Quarrymen à une garden-party à Woolton près de Liverpool, le bassiste Ivan Vaughan présente son camarade de classe à Paul McCartney. Ce sera la première rencontre entre Paul McCartney et John Lennon. Les deux se parlent, Paul montre à John comment il accorde sa guitare et il chante quelques chansons d'Eddie Cochran, Gene Vincent et Little Richard. 3 mois plus tard McCartney rejoint les Beatles qui vont conquérir le monde en 1960.

La première idole
Le chanteur américain Ricky Nelson devient un des artistes les plus populaires de son temps, après Elvis Presley. Il est la première vedette à être considérée comme idole de jeunesse. Ricky Nelson impressionne son monde par des tubes comme *Stood Up, Poor Little Fool* et *Travelin' Man*.

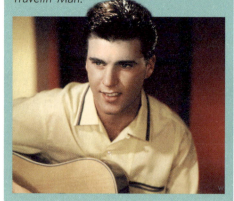

Grand Prix du Disque
Jacques Brel gagne le Grand Prix du disque et se fait un nom à Paris.

1958 — MES 18 PREMIÈRES ANNÉES

SPORT

Le crash de Man U
6 février 1958. Il est 15 h 09 lorsque l'avion transportant l'équipe de football de Manchester United s'écrase sur la piste enneigée de l'aéroport de Munich lors de sa troisième tentative de décollage. Les 'Busby Babes', le surnom de l'équipe, ainsi que plusieurs supporters et journalistes cherchaient à revenir d'un match de Coupe d'Europe à Belgrade. Au total, 20 des 44 passagers, dont 11 joueurs de l'équipe décéderont lors du crash de l'avion.

Le Tour de Stablinski
15 mai 1958. Le franco-polonais Jean Stablinski obtient une prometteuse dixième place lors de Milan-San Remo qui lui vaut de faire partie de l'équipe de France qui partira pour le Tour d'Espagne. Une Vuelta qui le verra décrocher le maillot rouge du vainqueur avec plus de 3 minutes d'avance sur son premier poursuivant, et ce malgré une chute causée par un chien lors de l'ultime étape.

Meilleur buteur du Mondial
29 juin 1958. Attaquant du Stade de Reims, mais également buteur de l'équipe de France, Just Fontaine est âgé de 24 ans lors de la Coupe du monde en Suède. Avec l'aide de son compère Raymond Kopa, meneur de jeu du Real Madrid et des Bleus, qui l'abreuvera de bons ballons, Fontaine terminera meilleur buteur de la compétition avec 13 buts, dont 4 lors de la 'petite finale'.

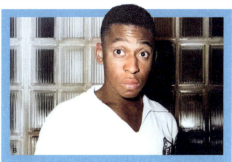

Magicien du ballon rond
29 juin 1958. Le monde entier découvre la nouvelle perle du football, un certain Edson Arantes do Nascimento, autrement dit Pelé, à l'occasion de la Coupe du monde disputée en Suède. Âgé de 17 ans à peine, il illumine de son talent la compétition de football la plus importante du monde. Pelé ne se contente pas de marquer l'unique but du quart de finale ; il porte son équipe en demi-finale grâce à un spectaculaire 'hat trick' et l'emmène en finale, au cours de laquelle ses 2 buts offriront le titre de champion du monde au Brésil.

31 JAN 1958
Mise en service de l'usine UP1 d'extraction de plutonium à Marcoule.

22 FEV 1958
Découverte du gisement pétrolifère de Coulommes-Vaucourtois par la société Pétrorep.

27 MAR 1958
Le livre d'Henri Alleg, *La Question*, dénonciation de la torture en Algérie, est saisi par la police.

1958

ACTUALITÉS

Yves Saint Laurent chez Dior
30 janvier 1958. Nommé à la direction artistique de la maison Dior alors qu'il est à peine âgé de 21 ans, Yves Saint Laurent dévoile sa toute première collection pour la maison de mode française : la ligne Trapèze. Mélangeant le court et le très court, faisant la part belle au noir, la collection de 178 modèles prend le contrepied de la tendance de l'époque faite de tailles cintrées, de gaines et de guêpières, avec une coupe partant des épaules et effaçant la taille.

Assurance automobile
27 février 1958. L'Etat décide de rendre obligatoire l'assurance automobile. Jusqu'alors facultative, l'assurance automobile obligatoire aura pour but de créer des fonds de réserves dédiés à dédommager les victimes.

Le retour du Général
13 mai 1958. Le général de Gaulle refait surface et prend à nouveau les rennes de la France. Il fonde la Ve République, s'attribuant au passage d'importants pouvoirs. En Algérie, la révolte gronde depuis 1954 et des nationalistes mènent le combat contre la puissance colonialiste française.

L'ère du design
Les années 50 sont marquées par différentes avancées technologiques : ère atomique, ère spatiale, ère du moteur à réaction, ère de l'informatique... Les designers lancent de nouveaux matériaux et produits comme le contreplaqué et le plastique. Dieter Rams, avec le design des produits Braun, démontre que le design industriel est une discipline à part entière. Les produits sont fonctionnels, rationnels et élégants. Le futur s'annonce.

Sèche-cheveux

---

23 AVR 1958
La durée du service militaire est portée à 27 mois.

13 MAI 1958
A Alger, une manifestation tourne à l'insurrection. C'est la fin de la IVe République.

22 JUN 1958
Olivier Gendebien et Phil Hill sur Ferrari, remportent les 24 Heures du Mans.

1958

Meccano
Le jouet de construction métallique Meccano se modernise : 90 nouvelles pièces, composants en plastique, vue tridimensionnelle du mode d'emploi...

Le nouveau franc
27 décembre 1958. Le plan Pinay-Rueff vise la création du nouveau franc français équivalant à 100 anciens francs. Désormais un produit à 519 anciens francs coûtera 5,19 nouveaux francs. Toutefois, il faudra des années pour chasser l'ancien franc de la mémoire collective des Français.

Le hula-hoop
1er juillet 1958. Après son frisbee de 1957, l'entreprise américaine Wham-O remet le couvert avec un jouet de plein air qui connaîtra un succès considérable : le hula-hoop. On verra partout femmes, hommes et enfants se trémousser pour arriver à faire tourner autour de leur taille cet anneau de plastique.

Palais de l'UNESCO
3 novembre 1958. Le nouveau siège de l'UNESCO est situé dans le XVe arrondissement de Paris. Composé de deux sites distants de quelques centaines de mètres, les bâtiments représentent une surface de 135 000 m² servant à abriter le siège de l'Organisation des Nations unies pour l'éducation, la science et la culture.

On ne se prive plus
Les Français en ont ras-le-bol de ces cartes de rationnement de la guerre. Dans les années 50 on ne se prive plus et les repas deviennent de plus en plus copieux. On attaque le beurre, la viande et le sucre. Le soufflé au fromage est un incontournable. Puis passent à table : le pâté de campagne, le chou farci, le pot au feu, le boudin noir à la purée, les carottes vichy, le ris de veau à la crème, le potage Saint-Germain, sans oublier le délicieux riz au lait.

29 JUL 1958
Création de la NASA. Son but : remporter la course mondiale à l'espace.

3 AOÛ 1958
Indépendance du Niger.

14 SEP 1958
Première rencontre à Colombey entre le général de Gaulle et le chancelier ouest-allemand Adenauer.

1958

Maria Callas triomphe à Paris
19 décembre 1958. Maria Callas donne son premier concert à Paris. Dans la salle, René Coty, Jean Cocteau, Charlie Chaplin, Brigitte Bardot... Annoncé dans la presse comme le plus grand concert du monde, l'événement marque en plus le retour sur la scène lyrique de la diva après une mise en retrait de presque une année.

POLITIQUE

Père de l'Europe
19 mars 1958. Ancêtre du Parlement européen, l'Assemblée parlementaire européenne voit le jour. Basée à Strasbourg, cette nouvelle assemblée élit Robert Schuman comme Président et lui décernera le titre de 'père de l'Europe'.

« Je vous ai compris »
4 juin 1958. Prononcée à Alger devant la foule, cette phrase est l'introduction du discours du général de Gaulle. De par son caractère ambigu, elle reste comme l'une des phrases-clés de l'histoire française, certains lui prêtant un objectif visant à rassurer tout le monde, d'autres une manifestation de soutien à l'Algérie française, d'autres une marque de fraternisation entre les Algériens et les Français.

Assurance chômage
31 décembre 1958. Sous l'impulsion du général de Gaulle, les accords sur le premier régime d'assurance chômage en France sont signés par le patronat et les syndicats.

Oui ou non ?
28 septembre 1958. Ce référendum a pour but de soumettre au vote des Français le passage de la IVᵉ à la Vᵉ République. Malgré l'appel au 'non' de la part d'une grande partie de la gauche, le 'oui' l'emportera.

---

9 OCT 1958
Après une longue maladie, le Pape Pie XII décède. Son successeur sera Jean XXIII.

18 NOV 1958
Les ex-colonies françaises du Tchad, du Gabon et de la République du Congo deviennent indépendantes.

21 DÉC 1958
Fidel Castro et ses guérilleros prennent le contrôle de Cuba, le dictateur Batista s'enfuit.

1958

La Constitution
4 octobre 1958. La Constitution de 1958 est l'œuvre de Michel Debré et de Charles de Gaulle. Ce texte accorde un pouvoir très important au Président tout en conservant le caractère parlementaire du régime. Après 24 révisions, c'est toujours la Constitution en vigueur actuellement.

ACTUALITÉS INTERNATIONALES

La Communauté économique européenne
1er janvier 1958. Avec la volonté de dépasser le Traité de Rome du 25 mars 1957, les 6 pays membres de la Communauté européenne du charbon et de l'acier (CECA) marquent leur volonté de coopérer dans d'autres domaines. C'est ainsi qu'ils créent la Communauté économique européenne (CEE). Il s'agit de créer un marché commun regroupant la France, l'Allemagne, l'Italie, les Pays-Bas, la Belgique et le Luxembourg. Au jour de l'an, les taxes d'importation réciproques disparaissent et des accords entrent en oeuvre pour les tarifs de douane frappant les importations de marchandises provenant de pays hors CEE.

Exposition universelle de Bruxelles
18 mars 1958. La première exposition universelle d'après-guerre se déroule à Bruxelles, où l'on peut admirer le (futur) célèbre Atomium. L'événement célèbre une nouvelle ère économique et politique qui donne naissance à une nouvelle conscience européenne.

La DAF Variomatic
1er avril 1958. Les Néerlandais de la firme DAF produisent leur première (petite) voiture individuelle, la DAF 600, équipée d'un modeste moteur de 2 cylindres et à 4 temps. Un modèle révolutionnaire, puisqu'il utilise une transmission automatique 'Variomatic', qui permet au conducteur de décider simplement s'il veut faire rapidement marche avant ou marche arrière.

Grand Bond en avant
Selon le Grand Timonier Mao Zedong, la Chine deviendra rapidement une grande puissance industrielle. Son arme secrète : le 'Grand Bond en avant'. Sa recette : expropriation des propriétaires de terres agricoles et regroupement en communes populaires, qui doivent produire de grandes quantités de récoltes destinées à l'exportation. Les agriculteurs se voient incités à faire fondre dans leurs fours toutes les pièces métalliques dont ils disposent pour en faire de l'acier. C'est un échec et le projet conduira à une hécatombe : 45 millions de Chinois perdront la vie, à la suite d'une famine.

1958

Manifester contre les armes atomiques

4 avril 1958. Une première marche de la Campaign for Nuclear Disarmament (CND) démarre de Trafalgar Square à Londres. A Aldemaston, un groupe de pacifistes se met en marche vers l'Atomic Weapons

Establishment, un organisme du Royaume-Uni chargé de faire des recherches sur les armes nucléaires. Les protestataires arborent des calicots affirmant « Supprimez la bombe ». C'est aussi la première fois que l'on découvre le fameux sigle des pacifistes des années 60, rassemblant les lettres N et D en alphabet sémaphore au sein d'un cercle.

Le film noir

Le 'film noir' connait son apogée dans les années 50. L'esthétique de ces films policiers est influencée par le cinéma expressionniste allemand et le réalisme poétique français. En 1958, *La Soif du Mal* d'Orson Welles, *Sueurs froides* d'Alfred Hitchcock, *Traquenard* de Nicholas Ray, *La Cible parfaite* de Jacques Tourneur et *Meurtre sous contrat* d'Irving Lerner voient le jour.

Début de décolonisation

24 août 1958. Le général de Gaulle entame une tournée en Afrique pour présenter son projet de 'Communauté française' et repréciser la nature des liens unissant les pays africains et la France. En proposant aux pays africains colonisés de se prononcer pour ou contre la Constitution de la Ve République, le Président ouvre la voie à la décolonisation.

La puce électronique

12 septembre 1958. Le physicien américain Jack Kilby parvient à réunir sur une plaque de germanium différents composants assurant plusieurs fonctions, c'est le premier circuit intégré. L'homme ne s'en tiendra pas là, il est aussi à l'origine de la création de l'ordinateur, du téléphone mobile, ou encore de la calculatrice de poche.

Le simulateur cardiaque

8 octobre 1958. Un Suédois de 43 ans, Arne Larsson, est le premier patient à se voir implanter un pacemaker destiné à réguler son rythme cardiaque. Mais l'appareil tombe en panne après quelques heures de service et le chirurgien Åke Senning lui en implante aussitôt un nouveau.

DIVERTISSEMENT

Akim

Créée en Italie par Augusto Pedrazza et Roberto Renzi, *Akim* raconte les aventures d'un personnage élevé dans la jungle par des animaux, elle est l'une des séries en petit format les plus populaires de l'histoire. Débarquée en France en 1958, elle sortira au rythme effréné d'une publication de 50 pages toutes les 2 semaines, pour atteindre un total de 756 numéros.

1958

Les Cinq Dernières Minutes
La télévision prend de plus en plus de place dans les foyers. Les Français se passionnent pour *Les Cinq Dernières Minutes*, la série policière dans laquelle Raymond Souplex prête sa rondeur et sa voix au commissaire Bourrel.

Mon oncle
10 mai 1958. Le troisième long métrage de Jacques Tati qui est aussi le premier qui sera projeté en couleur est en fait le prolongement des *Vacances de M. Hulot*. On y retrouve en effet le même personnage rêveur et gaffeur, perdu dans un monde fait de gadgets inutiles, qui se modernise trop vite, parfois jusqu'au ridicule. Le film recevra le Prix spécial du jury à Cannes en 1958 et l'Oscar du meilleur film en langue étrangère l'année suivante.

Les Misérables
12 mars 1958. Adaptation au cinéma du célèbre roman de Victor Hugo, ce film réalisé par Jean-Paul Le Chanois sera le deuxième plus gros succès de l'année 1958 derrière *Les Dix Commandements*. Avec un casting composé notamment de Jean Gabin, Bernard Blier, Bourvil ou encore Serge Reggiani, l'histoire de Valjean, Javert et Cosette comptabilisera plus de 9 millions d'entrées en France !

Cent mille francs par jour
19 avril 1958. Naissance du jeu le plus ancien du paysage radiophonique français à être encore diffusé sur nos ondes et qui n'a pas changé de règles depuis ses débuts sur les antennes de Paris Inter. Les auditeurs envoient des questions qui seront sélectionnées, classées par niveau de difficulté et posées a posteriori au tandem de candidats. Libre ensuite à ces derniers de risquer leurs gains avec le banco et le super banco. L'émission a vu passer plusieurs présentateurs dont Lucien Jeunesse, Louis Bozon et Roger Lanzac.

VOUS SOUVENEZ-VOUS ?

Mélangeur à main

1958

Palme d'Or soviétique
11 juin 1958. Le film *Quand passent les cigognes* du réalisateur d'origine géorgienne Mikhaïl Kalatozov, fraîchement auréolé de la Palme d'or du Festival de Cannes, sort dans les salles obscures. C'est un énorme succès pour ce drame qualifié 'd'humaniste et de haute qualité artistique' avec près de 5 500 000 entrées en France !

Mémoires de jeune fille rangée
6 octobre 1958. La parution de *Mémoires d'une jeune fille rangée*, premier volet de l'œuvre autobiographique de la philosophe et romancière Simone de Beauvoir, décrivant ses 21 premières années et la construction de son identité. Le titre est un clin d'œil au roman de Tristan Bernard, alors féminisé, *Mémoires d'un jeune homme rangé*.

Censure levée pour *Lolita*
Lolita, le sulfureux roman de Vladimir Nabokov, abordant notamment les thèmes sensibles de l'inceste et de la pédophilie, provoque un vif scandale dès sa sortie. Un scandale d'une telle ampleur que le roman est censuré quelques mois après sa sortie en France et le reste pendant plusieurs années. Il faut attendre 1958 pour que la censure soit levée en France, et que le roman soit publié aux Etats-Unis.

Sueurs froides
Thriller psychologique réalisé par Alfred Hitchcock, *Sueurs Froides* suit un détective, interprété par James Stewart, qui souffre de vertiges après la mort tragique d'un collègue. Engagé pour suivre la femme énigmatique jouée par Kim Novak, l'intrigue se développe en une histoire complexe de manipulation et d'obsession, explorant des thèmes de perception et de réalité. Le film est salué lors de sa sortie et reste aujourd'hui l'un des chefs d'œuvres du réalisateur britannique.

Jacqueline Huet
13 mai 1958. La Parisienne Jacqueline Huet devient speakerine de la première chaîne de la télévision française. Engagée à la RTF en 1956, elle est l'une des speakerines les plus populaires de la télévision française jusqu'en 1975.

1958

Pasternak refuse le Prix Nobel
Le Docteur Jivago, roman de l'écrivain soviétique Boris Pasternak, est traduit en français en 1958 par Gallimard. Le livre qui décrit notamment le passage de l'Empire russe à l'URSS sera l'objet d'une intense promotion de la CIA pour discréditer son rival soviétique, dans un contexte de Guerre Froide. Fort d'un retentissement mondial, l'auteur reçoit le prix Nobel de littérature en 1958 mais, sous la contrainte du pouvoir de Moscou, est contraint de décliner le prix. Il faudra attendre 1985 pour que le roman soit autorisé en Russie.

Les Schtroumpfs
23 octobre 1958. La première apparition des Schtroumpfs a lieu dans un épisode des aventures de *Johan et Pirlouit*, du dessinateur belge Peyo. Ils sont alors une simple peuplade de petits lutins bleus à bonnets blancs vivant dans un village champignon. Il faudra attendre une petite année avant qu'ils ne deviennent des personnages à part entière avec leurs propres aventures. Quant à l'origine de leur nom si particulier elle est attribuée à Franquin, le papa de *Gaston Lagaffe*, qui lors d'un repas avec Peyo, buta sur le mot 'salière', le prononçant 'Schtroumpf'.

Signorina kiss me goodnight
Louis Prima, 'the King of Swing', connait beaucoup de succès avec sa chanson *Buona sera (signorina kiss me goodnight)*. En 1967, il donnera sa voix au Roi Louie, l'orang-outan du film d'animation *Le livre de la jungle*.

Stéréo
On enregistre pour la première fois de la musique symphonique en stéréo. Les premières ventes de disques au public ont lieu en mars 1958. Le son stéréophonique est une méthode d'enregistrement et de reproduction sonore visant à reconstituer la répartition dans l'espace des sources d'origine.

MUSIQUE

Le poinçonneur des lilas
Enregistrée en juin, cette chanson écrite, composée et interprétée par le jeune Serge Gainsbourg sort en septembre sur son premier album *Du chant à la une ! …* Ce titre dans lequel un préposé du métro parisien se plaint de la monotonie de son emploi, consistant à poinçonner les billets des voyageurs sera, pour l'artiste, un ticket vers la route du succès !

Miles Davis
29 janvier 1958. Ascenseur pour l'échafaud, le film noir de Louis Malle, est considéré comme un chef-d'œuvre cinématographique. C'est en partie grâce à la bande sonore, qui convient parfaitement à l'ambiance trouble. Elle est attribuée à Miles Davis. Le résultat est basé en grande partie sur de l'improvisation.

1958

Hula-hoop

2 Américains font fortune avec un tube de polyéthylène recourbé, formant un cerceau d'un diamètre de 1,06 mètres. L'anneau tourne autour de la taille avec élégance, à condition d'avoir le juste rythme… Le hula-hoop est né. L'invention d'Arthur Melin et Richard Knerr, les 2 fondateurs de la petite entreprise de jouets Wham-O, se transforme également en musique. Des dizaines de disques ont pour thème le hula hoop. Le plus célèbre est *Houla houp* d'Annie Cordy.

Dors, mon amour

12 mars 1958. André Claveau remporte la troisième édition du Concours Eurovision de la chanson à Hilversum, aux Pays-Bas, avec la berceuse *Dors, mon amour*. Il obtient 27 % des points et devance 9 pays. C'est la première victoire de la France et la première fois qu'un homme remporte le concours. Claveau est un artiste expérimenté qui travaille depuis 20 ans. Son surnom est 'le prince de la chanson'. Sa popularité décline à partir des années 1960. Il est souvent cité comme l'exemple d'un artiste dépassé par le rock'n'roll.

MES 18 PREMIÈRES ANNÉES
TOP 10 — 1958

1. **The Champs** *Tequila*
2. **André Claveau** *Dors, mon amour*
3. **The Coasters** *Yakety Yak*
4. **Eddie Cochran** *Summertime Blues*
5. **Annie Cordy** *Hello, le soleil brille*
6. **Dalida** *Gondolier*
7. **Peggy Lee** *Fever*
8. **Francis Lemarque** *Marjolaine*
9. **Dean Martin** *Volare*
10. **P.A.O.L.A.** *Si t'as été à Tahiti*

Volare

2 Italiens, Domenico Modugno et Johnny Dorelliqui, qui n'obtiennent que la troisième place au Concours Eurovision, connaîtront toutefois un succès mondial, avec *Nel Blu dipinto di Blu*, mieux connu sous le nom de *Volare*… Elle recueillera deux Grammy Awards et constitue toujours la chanson italienne la plus écoutée.

RÉPONSE PHOTOS Copyright 2024, TDM Rights BV.
Photos: **A** Keystone-France - Gamma-Rapho - Getty Images / **B** Ullstein bild - Getty Images / **C** Picture alliance - Getty Images / **D** Mirrorpix - Getty Images / **E** Keystone-France - Gamma-Keystone - Getty Images / **F** Science & Society Picture Library - SSPL - Getty Images / **G** Ullstein bild Dtl. - Ullstein bild - Getty Images / **H** Faraz Mujeeb - Shutterstock / **I** Michael Ochs Archives - Getty Images / **J** Bettmann - Getty Images / **K** Dominique Berretty - Gamma-Rapho - Getty Images / **L** Keystone-France - Gamma-Keystone - Getty Images / **M** Chachastephane - iStock - Getty Images / **N** John Franks - Hulton Archive - Getty Images / **O** Andrew Burton - Getty Images North America / **P** INA - Getty Images / **Q** Sunset Boulevard - Corbis Historical - Getty Images / **R** LMPC - Getty Images / **S** Keystone-France - Gamma-Keystone - Getty Images / **T** Bettmann - Getty Images / **U** Silver Screen Collection - Moviepix - Getty Images / **V** INA - Getty Images / **W** Marc Deville - Gamma-Rapho - Getty Images / **X** GAB Archive - Redferns - Getty Images / **Y** Universal History Archive - Universal Images Group Editorial - Getty Images / **Z** Harry Pot - Anefo - Nationaal Archief CC0.

1959

MES 18 PREMIÈRES ANNÉES

SPORT

L'Espagne sur les Champs-Elysées
18 juillet 1959. Federico Bahamontes devient le premier vainqueur espagnol du Tour de France, devant les 2 Français Henry Anglade et Jacques Anquetil. Ce Tour sera le dernier pour les 2 anciens cyclistes français Louison Bobet et Jean Robic.

Victoire pour le XV
Pour la première fois de son histoire, le XV de France remporte le Tournoi de rugby des cinq Nations. Malgré un match nul 3-3 (!) contre le XV de la Rose à Twickenham et une défaite en Irlande, les Bleus finissent seuls premiers avec 5 points.

Crise des droits TV
Alors que le sport à la télé est en plein essor, 12 matchs sont diffusés sur les ondes françaises en 1959, mais aucun de l'équipe de France. En effet, aucun accord n'ayant été trouvé depuis 1954, la Fédération française de football bloque les retransmissions. En Espagne, c'est la première diffusion du Classico Real Madrid - FC Barcelone à la télé !

Sacre mondial pour Darrigade
16 août 1959. 4 ans après sa victoire sur les routes françaises et plusieurs exploits sur les tracés du tour, André Darrigade remporte le titre de Champion du monde sur route. Surnommé 'le Lévrier des Landes', il est reconnu comme l'un des sprinters français les plus célèbres.

ACTUALITES

Le tunnel du Mont Blanc
La France et l'Italie travaillent à la percée d'un tunnel à travers le Mont Blanc pour relier les 2 pays par la route. Les travaux démarrent en janvier sur le versant italien et en juin sur le versant français. Chacune des deux entreprises d'exécution doit réaliser 5 800 mètres de galerie.

Plume en acier

1 JAN 1959
Première entrée en vigueur du marché commun (CEE), avec une baisse des droits de douane.

19 FEV 1959
L'île de Chypre devient indépendante de la Grande-Bretagne.

10 MAR 1959
Au Tibet, un soulèvement contre l'occupation chinoise se solde par plusieurs dizaines de morts.

1959

A l'école jusque 16 ans
La loi Jules Ferry de 1882 rendait l'instruction obligatoire dès 3 ans jusqu'à 13 ans révolus - puis 14 ans en 1936. En 1959, l'instruction devient obligatoire jusque 16 ans révolus.

Les Ballets roses
10 janvier 1959. *France Soir* révèle, sous le nom de 'l'affaire des Ballets roses', qu'un ensemble d'élus de la République, allant jusqu'au président de l'Assemblée Nationale Alain Le Troquer, avait l'habitude d'abuser de jeunes filles mineures lors de soirées privées. A une époque où la pédophilie est peu condamnée, les élus s'en sortent avec de très faibles peines. Le juge avouera même à propos du président « ne pas vouloir accabler un vieil homme qui a rendu des services au pays ».

Bouteille d'eau chaude

Les blousons noirs
James Dean et *La Fureur de vivre* font des émules en France en cette fin de décennie. *France Soir* utilise dans son édition du 27 juillet pour la première fois le terme de 'Blousons Noirs' en référence à des affrontements de 2 bandes de jeunes dans le quinzième arrondissement de Paris. A mi-chemin entre loubards et jeunes désœuvrés, ces individus séviront jusqu'au milieu des années 1960.

Les trains électriques
L'assemblage d'une maquette de trains électriques est à la mode. On construit le circuit en famille, mais les petits trains Jouef sont fragiles et les enfants sont priés de ne pas trop y toucher. La marque Jouef (1944) prospère jusqu'au début des années 1960 et disparait en 2004.

---

19 AVR 1959
Rencontre Nixon - Fidel Castro à la Maison Blanche.

14 MAI 1959
Création de l'enseigne d'hypermarchés Carrefour à Annecy.

17 JUN 1959
Premier vol du prototype Mirage IV-01 piloté par Roland Glavany sur la base aérienne de Melun-Villaroche.

1959

Le pont de Tancarville
2 juillet 1959. Depuis près de 30 ans, la ville du Havre réfléchit à comment se connecter aux territoires de l'arrière-pays, la Seine empêchant une liaison terrestre. Lancé par la Chambre de commerce en 1951, et en construction depuis 1955, le pont de Tancarville entre en circulation à l'été 1959. Ouvrage d'art majeur, le pont mesure 1.420 mètres de long pour 123 mètres de haut.

Mitterrand piégé ?
16 octobre 1959. Le Sénateur de la Nièvre, François Mitterrand, est averti par le sulfureux Robert Pesquet d'un risque d'attentat à son encontre. Dans la nuit du 15 au 16 octobre, sa Peugeot 403 est criblée de balles et il doit s'enfuir dans le jardin de l'Observatoire. Scandale ou pas, Pesquet déclare quelques jours plus tard au journal d'extrême droite *Rivarol* qu'il s'agit d'un faux attentat, dont l'objectif est de faire revenir un François Mitterrand en perte de vitesse sur le devant de la scène.

Le premier Carrefour
11 juillet 1959. Marcel Fournier, propriétaire d'un grand magasin de vêtements à Annecy, crée la société Carrefour Supermarchés. Le nom de la marque vient de la contraction des noms de deux financeurs du projet initial : Carret et Fournier. Le premier magasin du groupe, ouvert en 1959, est sous le format de supermarché. Le premier hypermarché est ouvert en 1963 à Sainte-Geneviève-des-Bois en Essonne.

Rupture de barrage
2 décembre 1959. 5 ans après la construction du barrage de Malpasset, des précipitations abondantes et continues augmentent le débit l'alimentant. Le barrage cède et cause la mort de 423 personnes, ce qui sera une des plus grandes catastrophes naturelles du pays. Ce barrage devait assurer l'alimentation de Fréjus à Saint Raphaël dans le Var.

POLITIQUE

L'autodétermination
16 septembre 1959. Plus de 3 ans après le début de la guerre d'Algérie, le général de Gaulle, fraîchement élu président, s'adresse aux Français dans une allocution télévisée. Il présente le principe fondamental de sa politique à l'égard de l'Algérie : l'autodétermination.

17 JUL 1959
Le plus vieux crâne humain est trouvé en Tanzanie. Il date de 1,8 million d'années.

14 AOÛ 1959
Première photo de la Terre prise depuis un satellite.

19 SEP 1959
Roger Duchet, Georges Bidault et André Morice fondent à Paris un Rassemblement pour l'Algérie française.

45

1959

Malraux ministre
Symbole du renouveau de la France et de l'envie de de Gaulle de faire rayonner le pays, le ministère des Affaires culturelles voit le jour en 1959. Recommandé par Michel Debré, c'est à André Malraux qu'incombe la charge du ministère. Il s'attelle dès sa prise de fonction à la démocratisation de la culture artistique et à la préservation du patrimoine bâti.

Plan Challe en Algérie
6 février 1959. La guerre fait toujours rage, et le Gouvernement français continue d'opérer sur le territoire algérien. Le plan Challe a pour ambition de détruire les armées de libération nationale dans le pays, à travers une série d'opérations militaires qui dureront 3 années.

ACTUALITES INTERNATIONALES

La révolution cubaine
1er janvier 1959. Les guerilleros cubains emmenés par Fidel Castro, Che Guevara et Camilo Cienfuegos prennent le meilleur sur des dizaines de milliers de soldats du dictateur Fulgencio Batista. Les guerilleros du 'Mouvement du 26 juillet', renforcés par le matériel pris aux troupes de Batista, poursuivent ensuite leur course vers La Havane. Au cours de la nuit de réveillon, Batista s'enfuit à Saint-Domingue. Le lendemain, Guevara et Cienfuegos font leur entrée à La Havane en grands vainqueurs. Le 8 janvier, ils sont suivis par Castro, qui deviendra Président un mois plus tard. Il plaide pour l'amitié avec les pays occidentaux mais des tensions ne tarderont pas à apparaître lorsqu'il transformera Cuba en état communiste.

Cornetto
C'est en 1959 que le glacier napolitain Spica trouve une astuce pour éviter que les cornets deviennent rapidement mous et se détériorent après avoir été garnis. Il coule un mélange de sucre et de chocolat sur la paroi intérieure du biscuit, prolongeant ainsi sa vie. L'invention est enregistrée sous le nom de 'Cornetto'.

29 OCT 1959
Sortie du premier numéro de l'hebdomadaire de bandes dessinées *Pilote*.

14 NOV 1959
Au Ruanda-Urundi, début des émeutes entre Tutsis et Hutus, amorce d'une Révolution qui dure 2 ans.

2 DÉC 1959
Le raz-de-marée provoqué par la rupture du barrage de Malpasset, dans le Midi, fait 423 morts.

1959

50 étoiles
3 janvier 1959. L'Alaska, qui avait été acheté aux Russes par les Américains en 1867, devient le 49e et plus grand état des Etats-Unis. 8 mois plus tard, ce sera au tour d'Hawaï, annexé en 1899 par les Américains, de devenir le 50e Etat. L'archipel a joué un rôle important au cours de la Seconde Guerre mondiale. La 50e étoile est arborée sur le drapeau des Etats-Unis lors de l'Independence Day de 1960.

Le Dalaï-Lama
Fuyant les bombardements de son palais par les Chinois au Tibet, le Dalaï-Lama s'enfuit en Inde, où il est reçu, comme les autres réfugiés tibétains, à bras ouverts. Les propos de cet homme peu connu du public, recueillent un écho international et font de lui une personnalité mondialement connue.

La route Hô Chi Minh
26 septembre 1959. Les combattants vietnamiens du Nord se divisent en différents groupes, chargés d'infiltrer le Viêt Nam du Sud : ils y portent aide aux combattants et encouragent l'opposition communiste, tout en occupant le terrain. En même temps, le Viêt Cong se bat pour libérer le Viêt Nam du Sud, armes au poing. De son côté, le gouvernement de la République démocratique du Nord-Viêt Nam de Hô Chi Minh (photo) aménage chemins et pistes traversant le Nord Viêt Nam, le Laos et le Cambodge, pour ravitailler ses collègues du Viêt Cong.

Le musée Guggenheim
Le musée Guggenheim ouvre ses portes sur la Ve avenue de New York. Les oeuvres y sont exposées tout au long d'une pente qui parcourt tout le bâtiment, à partir d'une grande salle conçue en spirale. Qui plus est, un vaste dôme éclaire la partie centrale de l'espace muséal et envahit l'ensemble des étages du musée. Auteur du chef d'oeuvre : l'architecte américain Frank Lloyd Wright.

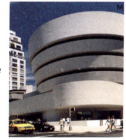

Qui sera le premier ?
La course à l'espace ne cesse de prendre d'importantes proportions. Début 1959, les Soviétiques ont lancé la sonde Luna 1, qui passe près de la Lune. De leur côté, les Américains préparent des astronautes pour la première mission spatiale habitée et ils ont réussi à lancer Explorer 6 le 7 août pour prendre des photos de la Terre et les transmettre vers notre planète. Un mois plus tard, une Luna 2 soviétique (photo) parvient à atteindre la Lune mais l'alunissage est plutôt brutal et l'engin est pulvérisé. En octobre, Luna 3 permet de découvrir la face cachée de la Lune.

1959

La poupée Barbie
9 mars 1959. Les premières poupées Barbie font leur apparition. En deux versions, blonde et brune. Une création de Ruth Handler, qui dirige la marque de jouets Mattel et qui rêve de produire une poupée vêtue, parce que sa fille Barbara (Barbie donc) adore jouer avec les habits de ses poupées en carton. Barbie fait un triomphe, des millions d'enfants adorant changer les habits de leur poupée mais aussi aimant… peigner ses cheveux. Barbie ne restera seule que pendant deux ans, rejointe alors par son compagnon Ken. Comme par hasard, le fils de Mme Handler se prénomme Kenneth…

Ben Hur
L'impérissable film oppose le bon (joué par Charlton Heston) au mauvais, incarné par Stephen Boyd en tribun romain (Messala). Il monopolise 11 Oscars. Ce succès médiatique aura cependant causé la mort de 11 chevaux, lors du tournage de la célébrissime séquence de la course de chars.

DIVERTISSEMENT

La Vache et le Prisonnier
Un grand Fernandel porte ce film léger sur l'histoire d'un prisonnier de guerre en Allemagne, qui choisit de s'évader avec sa vache comme animal de compagnie. Une épopée qui restera en haut de l'affiche du cinéma français pendant une décennie.

Planchon à Paris
Roger Planchon, metteur en scène et fervent défenseur de la décentralisation théâtrale, s'installe avec sa troupe lyonnaise… à Paris. Il explique ce paradoxe avec beaucoup d'humour… « C'est important de ne pas trop rester provincial. Nous voudrions avoir une saison, basée à Villeurbanne et 2 mois tous les ans à Paris et 3 mois en tournée ».

Les Trois Mousquetaires
Le drame de Claude Barma, d'après le roman d'Alexandre Dumas, est diffusé en direct le jour de Noël, avec Jean-Paul Belmondo dans le rôle de d'Artagnan.

1959

Pilote et Asterix
29 octobre 1959. René Goscinny, Albert Uderzo et François Clauteaux créent un magazine hebdomadaire dédié à la bande dessinée, art qui leur est cher. Destiné aux adolescents, le journal casse les codes et modernise la presse jeunesse de l'époque. De grands noms de la BD française verront le jour à travers leurs planches hebdomadaires, avec dès sa première année l'apparition du plus célèbre Gaulois, Asterix.

Les Quatre Cents Coups
Porte drapeau de la Nouvelle Vague, François Truffaut, jusqu'alors critique des *Cahiers du cinéma*, signe une première réalisation marquante : *Les Quatre Cents Coups*. Témoignage d'une époque désenchantée, le film raconte l'histoire d'Antoine Doinel, adolescent perdu entre une mère mal-aimante et un père inconsistant, qui va connaître les frissons de l'école buissonnière et des petits larcins.

Zazie dans le métro
Raymond Queneau frappe un grand coup dans le milieu littéraire. Alors peu connu du grand public, il publie le roman transgénérationnel *Zazie dans le métro*. Zazie, jeune fille espiègle, rend visite à son oncle dans la capitale où elle va semer la zizanie. Ce livre qui 'dépoussière' le roman français de l'époque obtiendra un succès immédiat.

Michel Vaillant
La série de bande dessinée est créée par Jean Graton en 1957. Le pilote automobile français court pour l'écurie de la marque Vaillante créée par son père. Il doit toujours régler des problèmes intérieurs ou extérieurs à la course. Le premier album, *Le Grand Défi*, paraît en 1959. Jean Graton imagine toute une galerie de personnages : le clan Vaillant, le pilote Steve Warson, l'adversaire des Vaillant, le Leader et sa fille Ruth, les 'méchants' Bob Cramer et Hawkins… Graton devient l'ami de pilotes comme Jacky Ickx. Alain Prost doit même sa vocation à la lecture de *Michel Vaillant*.

Cinq colonnes à la une
Inspirée des cinq colonnes des journaux du soir, l'émission mensuelle *Cinq colonnes à la une* fait entrer le grand journalisme au petit écran. Pierre Lazareff, Pierre Desgraupes, Pierre Dumayet, Igor Barrère et Éliane Victor inventent le 'reportage-document', avec une place importante aux reportages et aux interviews. Une nouvelle façon d'enquêter est née.

1959

Collés serrés

6 mai 1959. Le journal Les *Actualités Françaises* présente la dernière distraction en vogue, « le nouveau jeu à la mode chez les jeunes » venu de Grande-Bretagne. Son principe est simple : être le plus nombreux possible dans un espace très réduit : 17 dans une cabine téléphonique, 27 dans une 2 CV Citroën, collés-serrés sur une piste de danse… « Cette génération aime le contact, des pieds à la tête ». Le métro serait son idéal. « Ils ne conçoivent cette chère solitude qu'ensemble ».

Camus au théâtre

Il est l'un des auteurs les plus importants de son temps, s'illustrant aussi bien dans le roman que le théâtre. En 1958, il monte l'adaptation les *Possédés*, de Dostoïevski, au Théâtre Antoine.

Cliff Richard

L'idole britannique Cliff Richard chante son tube *Living Doll* pour la première fois. Le morceau, enregistré aux Abbey Road Studios, rendus célèbre par les Beatles, est populaire dans plusieurs pays européens.

MUSIQUE

Une légende du jazz

Giant Steps, le nouvel album de John Coltrane, fait partie de la légende. Coltrane expérimente avec ses 'Coltrane changes'. Il varie les tonalités à grande vitesse. Sa technique inspire un grand nombre de saxophonistes de jazz.

Scoubidou

Sacha Distel traduit *Apples, Peaches and Cherries* de la chanteuse américaine Peggy Lee par *Scoubidou*. En écrivant les paroles, l'idée est venue d'ajouter le mot 'scoubidou'. Il s'agit d'une inflexion d'un scat de jazzman 'shoo-bee-doo-be-doo'. Le mot n'a aucune signification, mais en peu de temps, il est utilisé pour nommer de nouvelles inventions. La plus célèbre est un objet en plastique fait de fils multicolores tressés qui fait fureur dans les cours de récréation.

Bleu, blanc, blond

Lors d'un voyage à New York, Marcel Amont entend à la radio, dans un taxi, un air dont la mélodie est simple mais efficace : *True, true happiness,* écrite et composée par Hal Greene et Richard Wolf. Pour obtenir l'adaptation française, Marcel Amont met à contribution Jean Dréjac. Le succès du titre est renforcé dans le Sud de la France par le texte, qui évoque le ciel de Provence, et par l'accent méridional du chanteur.

1959

Johnny Hallyday
30 décembre 1959. Jean Philippe Smet n'est pas encore sous son pseudo de 'Johnny' quand il passe dans la prestigieuse émission *Paris-Cocktail* aux côtés de Line Renaud. A tout juste 17 ans, il porte un blouson noir à la 'James Dean', la coiffure et la guitare d'Elvis. La France découvre sa future idole.

Ne me quitte pas
11 septembre 1959. Ne me quitte pas, une composition de Jacques Brel et de son pianiste Gérard Jouannest, fait sensation. En effet, les gens n'ont pas « l'habitude » d'entendre un homme demander à une femme de ne pas le quitter. Brel a composé cette chanson après s'être séparé de sa maîtresse de l'époque, la chanteuse et actrice Suzanne Gabriello. Il souligne que *Ne me quitte pas* n'est pas une chanson d'amour, mais « un hymne à la possibilité avec laquelle les hommes peuvent s'humilier pour une femme ». Jacques Brel a enregistré *Ne me quitte pas* encore 2 fois : en 1961 en néerlandais et en 1972 lors d'une séance de réenregistrement de chansons de son répertoire. La chanson a été reprise par Shirley Bassey, Neil Diamond et Céline Dion, entre autres.

Crash dramatique
3 février 1959. Ce jour-là Buddy Holly (*That'll Be the Day, Peggy Sue*), Ritchie Valens (*La Bamba*) et 'The Big Bopper' J.P. Richardson (*Chantilly Lace*), 3 musiciens confirmés, sont tués dans un crash d'avion à Iowa aux Etats-Unis. Buddy Holly est une grande star, Ritchie Valens (17 ans) était en train de le devenir.

Salut les copains
19 octobre 1959. Europe n°1 présente la nouvelle émission radiophonique *Salut les copains*. Elle tire son nom d'une chanson de Gilbert Bécaud. Elle est diffusée le jeudi entre 17 et 19 heures et s'adresse entièrement aux adolescents. Son succès est tel qu'elle devient rapidement quotidienne. A son apogée, 4 adolescents français sur 10 âgés de 12 à 15 ans l'écoutent. La rubrique *Le chouchou de la semaine* devient une rampe de lancement pour de nombreux nouveaux jeunes talents. En 1962, un magazine du même nom voit le jour.

Coup commercial
Un jour de 1959, les critiques de la presse écrite, les programmateurs de radio et les gros disquaires reçoivent au courrier un petit billet qui annonce : « Ne faites pas de salade, on vous en prépare une ». 3 jours plus tard, suit un saladier accompagné du carton « Voici le saladier, la salade suit ». L'envoi suivant est une boîte de conserve de salade de fruits. Encore 3 jours plus tard, on annonce la sortie de la chanson *Salade de fruits*. Et, ce sont six 45 tours qui sortent ensemble : la chanson *Salade de fruits* chantée par Bourvil, Annie Cordy, Luis Mariano et Mathé Altéry, ainsi que les versions instrumentales de Frank Pourcel et Georges Jouvin.

1959

Milord
Edith Piaf vit une relation passionnée avec un jeune artiste de 20 ans son cadet, un certain Joseph Mustachhi. Afin de prouver à tous que le jeune homme a du talent 'La Môme' lui demande une chanson d'amour. Georges Moustaki, puisque c'est de lui qu'il s'agit, lui écrit alors les paroles de *Milord*, que Piaf demande à sa compositrice Marguerite Monnot de mettre en musique. La chanson devient l'un des plus grands succès de l'année, avec la postérité qu'on lui connaît.

MES 18 PREMIÈRES ANNÉES
TOP 10 — 1959

1. Marcel Amont *Bleu, blanc, blond*
2. Paul Anka *Put Your Head On My Shoulder*
3. Jacques Brel *Ne me quitte pas*
4. The Dave Brubeck Quartet *Take Five*
5. The Coasters *Charlie Brown*
6. Dalida *Guitare et tambourin*
7. Sacha Distel *Ce serait dommage*
8. Jean Philippe *Oui, oui, oui, oui*
9. Cliff Richard *Living Doll*
10. Neil Sedaka *Oh! Carol*

Open | Search | Scan

Comme au début
Come prima est une chanson italienne. Dalida la chante en 1958. C'est l'un de ses premiers tubes, qui se classe en tête des ventes en France et en Belgique.

Compagnons de la chanson
Venu du scoutisme, Louis Liébard fonde les Compagnons de la chanson. A partir de 1946, la formation entre dans la lumière grâce à l'intervention d'Edith Piaf. Ils rencontrent un énorme succès avec leur titre *Le marchand de bonheur*. Les 9 chanteurs enregistrent avec Piaf la chanson *Les trois cloches*. La môme les emmène en tournée jusqu'aux Etats-Unis. Leurs prestations sont toujours agrémentées de petites scénettes pittoresques.

RÉPONSE PHOTOS Copyright 2024, TDM Rights BV.
Photos: A Keystone-France - Gamma-Keystone - Getty Images / B Copyright Algont - Getty Images / C Anefo - Nationaal Archief CC0 / D Jean Mainbourg - Gamma-Rapho - Getty Images / E Three Lions - Hulton Archive - Getty Images / F Charles Ciccione - Gamma-Rapho - Getty Images / G Keystone-France - Gamma-Keystone - Getty Images / H Keystone-France - Gamma-Keystone - Getty Images / I Jalcaraz - Shutterstock / J Underwood Archives - Archive Photos - Getty Images / K Michael Stewart - Getty Images North America - Getty Images / L Hulton Archive - Archive Photos - Getty Images / M Louis Goldman - Gamma-Rapho - Getty Images / N Yvonne Hemsey - Hulton Archive - Getty Images / O Sunset Boulevard - Corbis Historical - Getty Images / P Sunset Boulevard - Corbis Historical - Getty Images / Q Ullstein bild Dtl. - Ullstein bild - Getty Images / R Keystone-France - Gamma-Keystone - Getty Images / S INA - Getty Images / T GAB Archive - Redferns - Getty Images / U Gai Terrell - Redferns - Getty Images / V Reporters Associes - Gamma-Rapho - Getty Images / W Michael Ochs Archives - Getty Images / X Photo 12 - Universal Images Group Editorial - Getty Images / Y Poirier - Roger Viollet - Getty Images / Z Keystone-France - Gamma-Keystone - Getty Images / A2 Keystone-France - Gamma-Rapho - Getty Images / B2 Weha - shutterstock / C2 Patrice Picot - Gamma-Rapho - Getty Image.

1960 — MES 18 PREMIÈRES ANNÉES

SPORT

Revers de médaille
18 - 28 février 1960. La huitième édition des JO d'hiver se déroule à Squaw Valley aux Etats-Unis. Alors en pleine Guerre froide en 1957 les USA avaient menacé de ne pas accorder de visa aux ressortissants des pays communistes pour ces jeux. Après 27 épreuves, l'Union soviétique domine le classement des médailles avec un total de 21 sur les 81 possibles dont 7 en or, loin devant les USA qui ne récolte que 10 médailles dont 3 en or.

Un Suisse au sommet
13 mai 1960. Après des décennies de tentatives infructueuses, une cordée emmenée par le Suisse Max Eiselin parvient à conquérir le septième plus haut sommet du monde, le Dhaulagiri culminant à 8 167m au Népal dans l'Himalaya.

La Dolce Vita d'Anquetil
9 juin 1960. Pour sa seconde participation et grand favori de cette édition du Giro, le Français Jacques Anquetil alias 'Maître Jacques' arrive à Milan avec le maillot rose sur le dos. Il remporte avec 28 secondes d'avance ce tour d'Italie. Il avait terminé deuxième l'année précédente, mais il devient cette année-ci le 1er Français à remporter le Giro !

Les Jeux Olympiques à Rome
25 août - 11 septembre 1960. Les JO d'été se déroulent à Rome avec un nombre record de 5 000 athlètes en provenance de 83 pays. Nous retenons l'athlète éthiopien Abebe Bikila (voir ci-dessus) médaillé d'or, qui court le marathon pieds nus. Il y a aussi le jeune boxeur Américain Cassius Clay (Muhammad Ali) qui gagne l'or dans la catégorie poids mi-lourds. La délégation française ne remporte que 5 médailles et aucun titre olympique. Dès lors, le Général de Gaulle décide de « donner au sport français les moyens de ses ambitions ». En octobre 1965, il inaugure la Halle Maigrot située au centre de ce qui deviendra l'INSEP. À l'époque, c'est la plus grande salle couverte d'Europe.

1 JAN 1960
La France compte 47 supermarchés et hypermarchés.

28 FEV 1960
Création du Ku Klux Klan regroupant les mouvements racistes de 17 états américains.

17 MAR 1960
Sortie du film *A bout de souffle*, précurseur de la Nouvelle vague.

1960

L'URSS sur le toit de l'Europe
L'UEFA lance la première édition de la Coupe d'Europe des nations (aujourd'hui Championnat) avec 17 équipes inscrites. Les demi-finales se déroulent en France. C'est l'Union soviétique qui remporte le titre grâce à son immense gardien Lev Yachine, face à la Yougoslavie (2-1). La Tchécoslovaquie bat la France lors de la petite finale (2-0).

Destin tragique d'Albert Camus
4 janvier 1960. Le prix Nobel de littérature 1957, Albert Camus, écrivain, philosophe et résistant sous l'occupation, décède brutalement dans un accident de voiture, laissant derrière lui le sentiment d'une œuvre inachevée.

Premiers Jeux Paralympiques
18 - 25 septembre 1960. 400 athlètes en fauteuil roulant participent à ce qui sera considéré comme les premiers Jeux Paralympiques.

ACTUALITES

Le franc Molière
Sur les billets de franc on peut apercevoir Richelieu, Victor Hugo, Bonaparte et Henri IV. A partir de 1960, sur les billets de 500 francs, on y trouve désormais Molière.

Yves Saint Laurent
Les créations du couturier français Yves Saint Laurent influencent la mode, tant dans le monde de la haute couture que dans la rue. La robe trapèze fait un malheur au début des années 1960, de même que le « look beatnik », avec ses vestes Safari, ses jeans étroits et ses bottes à hautes tiges. Suivra en 1965 une collection spectaculaire de robes de cocktail, ornées de motifs inspirés du peintre Mondrian. Des créations qui seront bientôt copiées et vendues à des prix abordables. Un an plus tard, le public découvre le premier smoking pour dame et nombre de femmes suivront les icônes qui le portent, comme Françoise Hardy, Bianca Jagger, ou encore Liza Minnelli.

18 AVR 1960
Johnny Hallyday apparaît pour la première fois à la télévision dans *L'école des vedettes*.

10 MAI 1960
Le sous-marin nucléaire USS Nautilus réalise la première circumnavigation sous-marine de la terre.

7 JUN 1960
Premier festival international du film d'animation d'Annecy.

1960

La France dans l'ère nucléaire
13 février 1960. 'Gerboise bleue' est le nom du premier essai nucléaire français dans le Sahara algérien. La puissance de la bombe est de 70 kilotonnes : c'est 3 à 4 fois plus puissant que la bombe d'Hiroshima. La France devient ainsi la quatrième puissance nucléaire mondiale.

Soldats en plastique

On boit quoi ?
Au sein du budget boissons, le poids des boissons alcoolisées s'est réduit au profit des boissons non alcoolisées : il passe de 77,6 % en 1960 à 59,7 % en 2018.

Visite officielle Russe
23 mars - 3 avril 1960. Nikita Khrouchtchev, alors Premier secrétaire du Parti Communiste de l'Union soviétique, est accueilli par le Général De Gaulle pour un « tour de France ». C'est la première visite d'un chef d'Etat russe depuis 1917. En pleine Guerre froide, ce rapprochement exprime une volonté d'extirper la France du protectorat américain.

Le Manifeste des 121
6 septembre 1960. Le 'Manifeste des 121' parait dans le journal *Vérité-Liberté*, dont la ligne éditoriale est la diffusion de toutes informations, interdites ou censurées, sur la Guerre d'Algérie. Ainsi, 121 intellectuels et artistes dont Jean-Paul Sartre signent ce manifeste défendant le droit à l'insoumission dans la guerre d'Algérie. Certains signataires seront suspendus de leurs fonctions.

Peugeot 404
9 mai 1960. La marque du Lion sochalienne convie quelques journalistes triés sur le volet pour leur présenter en avant-première la nouvelle 404 dont la production sera officiellement lancée 2 jours plus tard. La 404 sera la vedette du salon de l'Automobile de Paris en octobre !

JUL 1960
Début du retrait des troupes françaises d'Algérie.

AOÛ 1960
Indépendance de 8 anciennes colonies françaises en Afrique.

14 SEP 1960
Le Venezuela, l'Irak, l'Iran, le Koweït et l'Arabie Saoudite créent L'OPEP, qui regroupe des pays grands exportateurs de pétrole.

1960

POLITIQUE

URSSAF
12 mai 1960. La création d'Unions de recouvrement des cotisations de sécurité sociale et d'allocations familiales devient obligatoire. Le but est de préserver le financement de la protection sociale.

Découpage du territoire
2 juin 1960. Un décret crée 21 circonscriptions, ce qui est synonyme de la naissance des régions. L'objectif est d'harmoniser les actions administratives, et d'optimiser les programmes d'actions économiques et sociales.

L'amendement Mirguet
18 juillet 1960. Adopté par l'Assemblée Nationale, le député Paul Mirguet y stigmatise l'homosexualité comme un « fléau social » à combattre au même titre que la tuberculose ou l'alcoolisme, et duquel « il faut protéger nos enfants ». Cet amendement, véritable répression de l'homosexualité, peut entraîner des condamnations pénales.

ACTUALITES INTERNATIONALES

La décolonisation
1960 est une année d'émancipation pour 14 territoires de l'Afrique subsaharienne, anciennes colonies françaises (Cameroun, Togo, Cote d'Ivoire, Sénégal...) qui acquièrent leur indépendance. Une année charnière pour l'équilibre géopolitique du continent.

Au plus profond des océans
23 janvier 1960. Les océanographes Jacques Piccard et Don Walsh s'enfoncent à bord de leur bathyscaphe vers les sombres profondeurs abyssales de la Fosse des Marianes, dans l'Océan Pacifique. Après une plongée de près de 5 heures et un incident technique sérieux, ils atteignent le fond à 10 916 mètres sous la mer. C'est la plus grande profondeur jamais atteinte par l'homme. Ironie de l'histoire : Auguste Piccard, le père de Jacques, avait battu le record du monde d'altitude, en culminant à plus de 16 000 mètres à bord d'un ballon à nacelle étanche. De plus, il aurait inspiré à Hergé le personnage du professeur Tournesol...

---

29 OCT 1960
Cassius Clay (Muhamad Ali) gagne son premier combat professionnel à Louisville aux Etats-Unis.

3 NOV 1960
Assassinat du président de l'UPC Félix-Roland Moumié à Genève par les services secrets français.

DÉC 1960
120 morts dans les manifestations contre le Général de Gaulle lors de son voyage en Algérie.

1960

Avancée des droits civiques
1er février 1960. Des étudiants afro-américains protestent pacifiquement contre la ségrégation raciale dans les cafés et restaurants de la ville de Greensboro, en Caroline du Nord. D'autres villes suivent le mouvement dans différents Etats du sud du pays, d'autant plus qu'ils peuvent compter sur la sympathie du Président Eisenhower. Les établissements concernés finissent par abandonner leurs mesures ségrégationnistes. Le pasteur Martin Luther King s'en prend au racisme institutionnel de son pays. Il recevra le Prix Nobel de la Paix en 1964 et payera cet engagement de sa vie 4 ans plus tard car il sera assassiné.

Un espion dans le ciel
1er mai 1960. Un pilote d'avion-espion américain, Gary Powers, survole l'Union soviétique afin de photographier des installations militaires secrètes lorsqu'il est abattu en plein vol. Il a le temps d'actionner son siège éjectable et termine son périple dans une prison soviétique. Les Américains n'hésitent pas à nier l'existence de leurs avions-espions et l'événement prend bien vite la dimension d'un incident diplomatique en pleine Guerre froide.

VOUS SOUVENEZ-VOUS ?

Patins à roulettes

Che, le guerrier héroïque
5 mars 1960. Pendant une cérémonie d'hommage aux victimes de l'explosion du navire La Coubre, le photographe cubain Alberto Korda immortalise l'iconissime photo de Che Guevara. Cette image baptisée *El Guerrillero Heroico* deviendra le portrait photo le plus utilisé au monde, et l'un des symboles les plus marquants des années 1960.

Le procès Eichmann
11 mai 1960. Les services secrets israéliens appelés Mossad, retrouvent à Buenos Aires en Argentine, la trace de l'un des principaux responsables de l'Holocauste : Adolf Eichmann. Ils réussissent à l'enlever et à le transférer secrètement en Israël. Eichmann est considéré comme responsable de la déportation de millions de Juifs vers les camps de concentration et d'extermination. Il avait pris la fuite en Amérique latine à la fin du conflit. En 1962, il est condamné à mort en Israël et pendu à l'issue d'un procès très médiatisé.

1960

Trois milliards d'humains
La population mondiale dépasse les 3 milliards d'âmes en 1960, soit 2 fois plus qu'en 1900. La croissance des naissances ira crescendo dans les années suivantes, particulièrement en Asie et en Afrique, où 17 pays acquièrent cette année-là leur indépendance. On s'inquiète de plus en plus des conséquences de la surpopulation.

Président du Sénégal
5 septembre 1960. Léopold Sédar Senghor, poète, écrivain et homme d'Etat français, puis sénégalais après l'indépendance, devient président de la toute nouvelle République du Sénégal. Il le restera durant 20 ans. Il est l'auteur de l'hymne national sénégalais *Le Lion rouge*.

Une femme au pouvoir
Sirimavo Bandaranaike devient la première femme au monde à être élue démocratiquement à la tête d'un gouvernement. Cela se passe au Sri Lanka : elle a remporté les élections législatives, après l'assassinat de son mari (qui était le Premier ministre de 1956 jusqu'à sa mort) par un extrémiste bouddhiste. L'exemple de Bandaranaike sera suivi par Indira Gandhi en Inde et Golda Meir en Israël.

La terre tremble au Chili
22 mai 1960. Un séisme de magnitude de 9,5 sur l'échelle de Richter, accompagné d'un tsunami, fait entre 3 000 et 6 000 victimes au Chili. C'est le séisme le plus violent jamais enregistré au monde. Le tsunami sera ressenti jusqu'en Alaska, en Australie et au Japon.

Kennedy président
8 novembre 1960. Avec une maigre avance, John Fitzgerald Kennedy devient le 35e président des Etats-Unis, face au candidat républicain Richard Nixon. Il entrera dans l'histoire comme un leader pragmatique et charismatique. Sa présidence sera marquée par sa volonté d'envoyer l'Homme sur la Lune, sa gestion de la crise de Cuba, mais aussi le début de la guerre des Américains au Viêt Nam.

Une technologie qui s'impose
Dans les années 1960, le public ressent l'importance des techniques liées à la conquête de l'espace dans le contexte de la Guerre froide. Ainsi, les premiers satellites de la NASA permettent de réaliser dorénavant des prévisions météorologiques à une semaine. Et ceux destinés aux communications commerciales facilitent le trafic téléphonique entre les continents. C'est cette même prouesse technologique qui permet le visionnage des émissions de télévision en direct, diffusées simultanément dans le monde entier. C'est aussi ce qui favorise et facilite la localisation des navires et des sous-marins.

1960

Le Général en Algérie
9 - 14 décembre 1960. Le Général de Gaulle effectue son dernier voyage en Algérie, à quelques semaines du référendum sur l'autodétermination. Entre les partisans de l'Algérie française et ceux de l'Algérie indépendante, les tensions montent. Cet ultime voyage est ponctué par de nombreuses émeutes et manifestations, notamment le 11 décembre où l'on recense environ 120 morts.

Anne-Marie Peysson
10 avril 1960. Anne-Marie Peysson est la première speakerine brune à une époque où la blondeur semble de rigueur à la télévision. Elle n'hésite pas à se lancer dans des improvisations et coprésente *Le palmarès des chansons* aux côtés de Guy Lux avec qui elle ne s'entend pas. Les événements de Mai 68 lui coûtent son poste à l'ORTF avant un court retour sur TF1 à la fin des années 70, et une carrière à RTL.

DIVERTISSEMENT

Spartacus
Le public découvre avec enthousiasme *Spartacus*, réalisé par Stanley Kubrick. Ce film deviendra le symbole de la production cinématographique hollywoodienne. L'acteur Kirk Douglas y personnifie un gladiateur qui encourage une armée d'esclaves à se rebeller contre le pouvoir romain. Le film ne dure pas moins de 3 heures et entraîne des foules énormes vers les salles obscures.

Une marraine et son filleul
18 avril 1960. L'émission *L'école des vedettes* est animée par Aimée Mortimer. Le principe est simple : une vedette confirmée parraine un jeune artiste débutant. Ainsi, Line Renaud convie un certain Johnny Hallyday tout juste âgé de 17 ans pour son baptême télévisuel. Ce dernier, impressionné, se contente de répondre aux questions de l'animatrice par de simples « oui » et « non ».

La Haute-Savoie animée
7 - 12 juin 1960. Le premier Festival international du Film d'Animation a lieu à Annecy. Il est imaginé par 3 passionnés membres d'un ciné-club savoyard très actif : Pierre Barbin, André Martin et Michel Boschet. Le Festival cherche à mettre notamment en avant les créations étrangères. Pour cette toute première édition, c'est le court métrage *Le lion et la Chanson* réalisé par le Tchèque Břetislav Pojar qui remporte le Cristal d'Annecy.

1960

L'Age d'or ?
Le début des années 60 n'est pas un âge d'or. Les Français travaillent beaucoup et vivent chichement. Un ouvrier gagne en moyenne 580 francs par mois (90 euros). La voiture, le téléphone, la télévision sont des luxes de nantis. Le Français moyen n'a pas de salle de bains, ni de machine à laver. La France ne compte guère plus que 200 000 étudiants, et seulement 3,4% des fils d'ouvriers font des études supérieures.

Hara Kiri
En septembre 1960, Georges Bernier alias le professeur Choron, journaliste satirique et humoristique, avec François Cavanna, lui aussi journaliste et dessinateur humoristique, fondent leur mensuel *Hara Kiri* qui se veut satirique, au ton cynique et provocateur. Cette première édition est tirée à 10 000 exemplaires.

Une idylle sur le tournage
Marilyn Monroe et Yves Montand sont réunis par le réalisateur George Cukor pour le tournage du film *Le Milliardaire* qui sort sur grand écran le 20 octobre. Le titre original, *Let's make love*, est apparemment pris très au sérieux par les acteurs qui vivent une aventure amoureuse de quelques semaines durant le tournage, de l'aveu même de Simone Signoret, femme de Montand à l'époque.

Demandez le programme
10 septembre 1960. Le célèbre magazine hebdomadaire *Télé 7 jours* arrive dans les kiosques le 10 septembre et se vend à 300 000 exemplaires pour son premier tirage. Plus qu'un simple magazine de programme, *Télé 7 jours* se veut un magazine culturel, chaque jour de la semaine étant introduit par une double page de critique, d'interview, de reportage…

MUSIQUE

Quand le - i devient - y
14 mars 1960. Jean-Philippe Smet est prêt à entrer dans la cour des grands. Passionné de rock'n'roll, il se produit depuis quelques années dans les clubs parisiens sous le nom de scène de 'Johnny Halliday'. Il tient ce nom de Lee Halliday, le mari américain de sa cousine Desta. Celui-ci l'appelle toujours Johnny. Le premier disque de l' 'Elvis français' apparaît à tort sous le nom de 'Hallyday' : le premier - i est devenu un - y. Mais le chanteur décide de le laisser tel quel. Les ventes s'accélèrent lorsqu'il interprète la chanson *Laisse les filles* dans l'émission *L'Ecole des vedettes* en avril. Il y est annoncé comme « Américain, de culture français ». Ce mensonge sera rectifié quelques mois plus tard.

Les enfants du Pirée
Chanson reprise et réinterprétée par Dalida qui sortira son septième album au titre éponyme en juin 1960. Cette interprétation de Dalida remporte un franc succès dans toute l'Europe.

1960

Un OVNI à l'Olympia
21 mars 1960. Sur la scène de l'Olympia et pour fêter les 5 ans de l'émission radio *Pour ceux qui aiment le jazz*, se produisent 2 monstres du style : Miles Davis et son saxophoniste, un certain John Coltrane dont la performance « trop expérimentale » lui vaut les sifflets d'une partie du public pourtant aguerri.

Mustapha
Le chanteur Égyptien Bob Azzam, sur un album portant son nom, sort cette année-là la chanson *Ya Mustapha*. Le titre rencontre un énorme succès en France et se classe premier du hit-parade.

Les cloches de Lisbonne
La chanteuse soprano Maria Candido abandonne l'opérette et se consacre à la chanson avec succès. *Les cloches de Lisbonne* est l'adaptation française du *Fado Madragoa* du film éponyme de 1952. « La nostalgie de la mer, A son monument à Lisbonne, Un vieux quartier populaire, Sombre et banal, qui s'appelle Madragoa ».

VOUS SOUVENEZ-VOUS ?

Bâtonnet de réglisse

Tom Pillibi
29 mars 1960. Pour la cinquième édition de l'Eurovision, le concours se déroule au Royal Festival Hall de Londres. Jacqueline Boyer, jeune chanteuse de 18 ans, représente la France et remporte le concours en interprétant la chanson *Tom Pillibi*. C'est la première chanson remportant l'Eurovision qui rencontre aussi un succès commercial dans plusieurs pays européens.

Jazz à Juan
7 juillet 1960. Antibes a pleuré la mort de Sidney Bechet en 1959. L'artiste américain originaire de la Nouvelle-Orléans jouissait d'une grande popularité dans la ville côtière. Les habitants se souviennent avec émotion de son mariage grandiose en 1951. Il y eut notamment un défilé endiablé dans les rues de la ville. Jacques Souplet et Jacques Hebey s'en inspirent pour créer un festival de jazz qui se déroulera à Juan-les-Pins. *Jazz à Juan*, le plus vieux festival de jazz en Europe, est réputé pour donner une scène et une oreille aux musiciens talentueux déjà connus et ceux qui ne le sont pas encore. En prime, le festival se déroule sous les pins centenaires de la Pinède Gould à Juan-les-Pins.

1960

Les nouveaux Quarrymen
17 août 1960. Le groupe The Quarrymen avec John Lennon, Paul McCartney, George Harrison, Stuart Sutcliffe et Pete Best, change de nom : d'abord en The Silver Beetles pour devenir The Beatles, un nom qui combine 'beat' (rythme) et 'beetle' (scarabée). Ce dernier mot rappelle le groupe du rocker Buddy Holly, The Crickets (criquets). Le 17 août, le groupe commence sa tournée au Reeperbahn à Hambourg.

TOP 10

1960 LE TOP 10 DE L'ÉDITEUR

1. **Bob Azzam** *Mustapha*
2. **Bourvil** *Salade de fruits*
3. **Les Compagnons (...)** *Le marchand de bonheur*
4. **Sam Cooke** *Wonderful World*
5. **The Drifters** *Save the Last Dance for Me*
6. **Johnny Hallyday** *Souvenirs, souvenirs*
7. **Brenda Lee** *I'm Sorry*
8. **Édith Piaf** *Milord*
9. **Elvis Presley** *It's Now or Never*
10. **The Shadows** *Apache*

Open | Search | Scan

L'idole des jeunes
31 octobre 1960. Hello Johnny, le premier album 33 tours de Johnny Hallyday sort ! Il rassemble 10 des 12 titres préalablement sortis durant cette même année en format EP (soit 3 super 45 tours). L'idole des jeunes est née !

Ike et Tina Turner
Le guitariste et la chanteuse spécialisés dans le rythme and blues, en duo et mariés, enregistrent leur premier album *The soul of Ike and Tina Turner* sur lequel figure *A fool in Love*, *I Idolize You* et *I'm Jealous*.

La Môme
10 novembre 1960. Edith Piaf enregistre l'un de ses plus grands titres *Non, je ne regrette rien*. Elle aurait déclaré « c'est moi, c'est ma vie ! » lorsqu'elle entend ce texte écrit par Michel Vaucaire pour la première fois.

1961 — MES 18 PREMIÈRES ANNÉES

SPORT

Sedan remporte la coupe
7 mai 1961. L'UA Sedan-Torcy remporte sa deuxième finale de Coupe de France de football, contre le Nîmes Olympique. Après une ouverture du score à la 16ème minute, les Ardennais doublent la mise à la 74ème après un cafouillage dans la surface gardoise. 8 minutes plus tard, l'international Algérien Mohamed Salem, marque le troisième but et scelle la victoire sedanaise malgré la réduction du score à la 86ème minute. Le score final est de 3-1. Dora, mascotte du club ardennais, peut commencer son tour d'honneur au stade olympique de Colombes.

Vainqueur inédit
4 juin 1961. L'AS Monaco remporte pour la première fois le Championnat de France (1ère division) devant le RC Paris et le Stade de Reims. Emmenée par son buteur Lucien Cossou, avec 18 buts à son actif, l'AS Monaco termine un petit point devant le RC Paris, grâce notamment à sa défense (42 buts encaissés en 38 journées).

Le XV de France
La France remporte pour la troisième fois de suite le Tournoi des Cinq Nations avec 3 victoires et 1 match nul, réalisant un 'Petit Chelem'. Performance menée par Pierre Albaladejo, Guy Boniface et Pierre Gachassin.

L'exploit d'Anquetil
16 juillet 1961. Véritable coup d'éclat de Jacques Anquetil sur le Tour de France ! Il remporte la grande boucle pour la seconde fois de sa carrière en s'octroyant le maillot jaune de la première à la dernière étape. Une prouesse jamais égalée !

Geesink bat les Japonais
4 décembre 1961. Evènement historique : le Néerlandais Anton Geesink devient champion du monde de judo à Paris, après avoir battu 3 Japonais. C'est une première. Il sera ensuite champion olympique en 1964.

25 JAN 1961
L'avocat Pierre Popie est assassiné par les fondateurs de l'OAS.

21 FEV 1961
Premier concert des Beatles au Cavern Club de Liverpool.

2 MAR 1961
Acquittement des accusés présents au 'procès des barricades' en Algérie.

1961

ACTUALITES

Voiture à hayon
Renault lance la voiture qui doit faire concurrence à la deux chevaux et à la coccinelle : la Renault 4. La R4 surprend par son espace intérieur. La voiture à hayon rencontre beaucoup de succès. Quand la production s'arrête en 1992, plus de 8 millions de R4 ont été vendus. La Citroën 2 chevaux a fait encore mieux.

Eclipse solaire
15 février 1961. Vers 8h, une éclipse totale du soleil est visible depuis le sud de la France. Une première depuis 1912. Cette éclipse est immortalisée par la caméra d'Anthony Quinn dans son film *Barabbas*.

VOUS SOUVENEZ-VOUS ?

Support pour pipes

Aérogare de Paris-Orly
24 février 1961. Le président Charles De Gaulle inaugure le nouveau bâtiment de l'aéroport d'Orly. Le célèbre architecte Henri Vicariot signe un véritable symbole d'innovation et de modernité avec sa structure métallique. L'aérogare devient une attraction touristique : c'est le monument le plus visité de France en 1963, et on compte 4 millions de visiteurs en 1965.

Révolte paysanne
8 juin 1961. 1 500 agriculteurs se réunissent et occupent la sous-préfecture de Morlaix pour manifester leur mécontentement face aux mesures de politique agricole du nouveau pouvoir gaulliste. La révolte des paysans bretons gagne bientôt la France entière et met en lumière la gravité de la crise agricole.

10 AVR 1961
Le slogan « L'OAS frappe où elle veut, quand elle veut, qui elle veut ! » apparait sur les murs d'Algérie.

31 MAI 1961
Visite en France du président John F. Kennedy.

19 JUN 1961
Riche de son pétrole, le Koweït acquiert son indépendance et se sépare de l'Empire britannique.

1961

Nudité à la télé
29 janvier 1961. Nicole Paquin est une actrice, chanteuse de rock 'n' roll et journaliste française. Aux côtés de Pierre Michaël, elle est la première femme à apparaître nue à la télévision française, bien que de dos et pendant 15 secondes. Cette scène polémique provient du téléfilm *l'Exécution,* réalisé par Maurice Cazeneuve.

Bien joué
A quoi on joue ? A 2 ou à 3 personnes, le jeu de l'élastique se joue à l'aide d'une bande élastique nouée en cercle où les joueurs doivent réaliser diverses figures à des hauteurs différentes. En solitaire, le saut à la corde, pratiqué dans les cours de récréation, consiste à sauter au-dessus d'une corde en rotation : la corde passe sous les pieds et au-dessus de la tête.

Chez Tupperware
L'entreprise Américaine Tupperware Brands Corporation (fondée en 1938) produit des boîtes en plastique et d'autres ustensiles de cuisine, la plupart fabriqués à l'aide d'un procédé d'injection plastique. La firme lance la démonstration-vente à domicile. Les 'hôtesses' hébergeant la démonstration reçoivent en cadeaux des produits de la marque liés au montant des ventes effectuées. Les clients se retrouvent dans une atmosphère conviviale et familiale.

Président ciblé
8 septembre 1961. Charles De Gaulle est victime d'un attentat à Pont-sur-Seine dans l'Aube. Circulant dans la voiture présidentielle en compagnie de son chauffeur, une bombe explose à hauteur du véhicule en mouvement. L'explosion ne fait aucun blessé. Son commanditaire, Jean-Marie Bastien-Thiry est condamné à mort et fusillé en 1963.

Un salon 'miniature'
5 - 15 octobre 1961. La 48ème édition du Salon de l'automobile de Paris attire la foule. Pour sa dernière année au Grand Palais, l'évènement prend le surnom de 'Salon de la petite voiture' avec la présentation de plusieurs modèles de petites voitures populaires comme la Simca 1000. et la Renault 4.

La nuit des paras
23 juillet 1961. Une rixe violente éclate dans une boite de nuit à Montigny-lez-Metz. La bagarre oppose des militaires du premier régiment de chasseurs parachutistes et des membres de la communité Algérienne. 3 personnes trouvent la mort dont 2 militaires, tués par balles. En guise de représailles, 300 militaires attaquent et agressent toutes personnes de la communauté magrébine. Le bilan 'officiel' : 1 mort et 28 blessés.

2 JUL 1961
L'écrivain Américain Ernest Hemingway se suicide à l'âge de 61 ans.

13 AOÛ 1961
Les autorités de la RDA commencent la construction du Mur qui divisera la ville de Berlin en deux.

18 SEP 1961
Le Secrétaire général de l'ONU, le Suédois Dag Hammarskjöld, trouve la mort lorsque son avion s'écrase.

1961

Accident tragique
7 octobre 1961. Un avion reliant Londres à Perpignan s'écrase sur le Canigou dans les Pyrénées à 2 200m d'altitude. 34 personnes perdent la vie. Le vent aurait dévié l'avion de son plan de vol et de ce fait percuté la montagne par accident.

Création de l'OAS
11 février 1961. Jean-Jacques Susini et Pierre Lagaillarde créent à Madrid une organisation terroriste d'extrême droite avec pour principale revendication, la conservation de l'Algérie Française.

ACTUALITES INTERNATIONALES

Répression policière à Paris
17 octobre 1961. Une manifestation pacifique est organisée par les membres de la communité Algérienne en opposition au couvre-feu instauré par la préfecture de Paris le 5 octobre. Ce couvre-feu vise seulement les Algériens et leur interdit de circuler librement à Paris entre 20h30 et 5h30. La police réprime violemment les manifestants et ouvre le feu sur la foule. Le bilan officiel est 48 morts et plusieurs centaines de blessés, mais certaines estimations vont jusqu'à 200 morts.

Gagarine
12 avril 1961. « On y va » lance le futur cosmonaute Youri Gagarine lorsqu'un responsable du vol lui confirme que tout est en ordre sur la base de lancement soviétique de Baïkonour pour la mission spatiale la plus incroyable jamais entreprise à l'époque. Quelques secondes plus tard, le vaisseau spatial Vostok 1 décolle, avec à son bord le premier être humain qui voyagera dans l'espace. Les fusées auxiliaires seront bientôt larguées. Désormais naviguant dans l'espace, Gagarine se trouve sur une orbite terrestre à 327 kilomètres au-dessus de la planète, propulsé à une vitesse de 28 260 km/h. A partir d'une fenêtre de sa capsule, il est le premier être humain à pouvoir jeter un regard sur la Terre, un moment magique. Après un vol de 108 minutes, le premier homme dans l'espace atterrit dans un champ freiné par son parachute.

POLITIQUE

Oui à l'indépendance
8 janvier 1961. Le référendum sur l'autodétermination de l'Algérie a lieu. La politique du Général de Gaulle est approuvée en Métropole et en Algérie avec environ 75% de 'oui'. Ce texte prévoit de rendre son indépendance à l'Algérie.

17 OCT 1961
La répression d'une manifestation pacifique d'Algériens à Paris coûte la vie à des dizaines de personnes.

2-20 NOV 1961
Ahmed Ben Bella et des détenus Algériens en France font la grève de la faim pour obtenir le statut de prisonnier politique.

19 DÉC 1961
Grève des mineurs de Decazevi contre le plan de restructuratio du ministre de l'Industrie et du Commerce Jean-Marcel Jeanne

1961

La Baie des Cochons
17 avril 1961. Les Américains de la CIA préparent début 1960, un plan destiné à éliminer le régime communiste de Fidel Castro à Cuba. Des exilés cubains hostiles au régime de Castro sont entraînés aux Etats-Unis et en janvier 1961, les relations sont rompues avec Cuba. 2 semaines plus tard, Kennedy devient président et mène une politique prudente concernant l'immixtion américaine envers Cuba. Le 17 avril, une troupe d'environ 1 400 exilés cubains supervisés par la CIA entreprennent une attaque contre l'île, dans la Baie des Cochons. Ils devront rebrousser chemin devant une armée bien plus imposante. Pour sa part, Kennedy refuse d'engager des navires de guerre. Bilan de l'opération avortée : 114 des 1 400 exilés cubains ont perdu la vie et 1 200 seront emprisonnés sur l'île.

La naissance du WWF
29 avril 1961. Le World Wildlife Fund (ou Fonds Mondial pour la Nature) voit le jour. Elle deviendra l'une des plus grandes organisations mondiales dédiées à la protection de la nature, avec un réseau d'agences installées dans pas moins de 60 pays. Le WWF bénéficie de l'aide financière de 5 millions de donateurs.

Apollo
25 mai 1961. L'Amérique reste sous le choc : elle a perdu de peu le pari d'envoyer le premier homme dans l'espace, face à l'Union soviétique. La réaction du président Kennedy se fait entendre le 25 mai, lorsqu'il déclare que son pays doit se donner pour tâche d'envoyer un être humain sur la Lune avant même la fin de la décennie… et de le faire revenir sain et sauf sur Terre ! Ces propos donnent le feu vert au programme Apollo.

Putsch manqué
21-26 avril 1961. Tentative de putsch des généraux à Alger. Dans la nuit du 21 au 22 avril les généraux Challe, Jouhaud, Zeller, rejoints par le général Salan le 23 avril, parviennent à soulever plusieurs régiments dans un coup de force pour s'opposer à la politique algérienne du Général de Gaulle. Le premier régiment étranger de parachutistes commandé par Hélie de Saint-Marc prend le contrôle de la ville. Le putsch dure 4 jours avant son échec.

L'apartheid
31 mai 1961. La décision de quitter le Commonwealth britannique est prise, suite à un référendum réservé aux Sud-Africains blancs. La Reine Elizabeth II ne règne donc plus sur l'Afrique du Sud et le pays devient une république sous la présidence de Charles Swart. Tout cela ne change rien au sort des citoyens noirs : l'apartheid continue ses ravages.

1961

Un mur à Berlin
13 août 1961. Depuis les années 1950, nombre de citoyens de la République Démocratique Allemande (RDA) quittent leur pays pour échapper à la main-mise de l'Union soviétique. C'est ainsi que l'Allemagne de l'Est perd en peu de temps 10% de sa population active. La fuite des cerveaux représente une perte de milliards d'Ostmarks. C'est pourquoi le chef du gouvernement de l'Allemagne de l'Est Walter Ulbricht et le leader Soviétique Nikita Khrouchtchev décident de fermer les frontières de la RDA. Ulbricht fait construire un mur qui sépare et entoure Berlin. Les frontières entre Allemagne de l'Ouest et de l'Est sont fermées : un mur de 155 kilomètres de long est érigé séparant l'Est et l'Ouest pour 28 ans.

La Mini Cooper
C'est dans les années 1950 que les Anglais se sont mis eux aussi à construire des petites voitures citadines. L'une des productions britanniques du genre la plus connue reste la Mini de British Motor Corporation (BMC), avec moteur et propulsion à l'avant. Tout cela lui procure une tenue de route incomparable et crée bien vite une réputation d'engin de compétition. Ces atouts n'ont pas échappé à divers constructeurs automobiles, dont John Cooper, qui a élaboré des bolides de Formule 1 couronnés en 1959 et 1960. Il porte le moteur de la Mini à une puissance de 100 chevaux, soit 3 fois plus que celle du modèle d'origine.

Une bombe soviétique
30 octobre 1961. 3 jours après le retrait de ses chars du Checkpoint Charlie, Moscou fait jouer ses muscles : au-dessus de l'archipel de la Nouvelle-Zemble, les Soviétiques font exploser la bombe à hydrogène 'Tsar Bomba', décrite comme la 'Reine des bombes'. La puissance de la bombe est estimée à 50 mégatonnes, causant la plus puissante explosion provoquée par l'Homme à ce jour. Les vitres des maisons en subiront des dégâts jusqu'en Finlande.

Le premier sex-shop
24 décembre 1961. Peu après la Seconde Guerre mondiale, l'ex-pilote de la Luftwaffe, Beate Ushe, décide de devenir entrepreneuse. Au début des années 1950, elle s'investit dans la vente par correspondance de préservatifs et de livres consacrés à l'hygiène sexuelle. Poursuivant son oeuvre, elle ouvre en 1961 à Flensbourg dans le nord de l'Allemagne, un premier magasin sous le signe de l' 'hygiène sexuelle'. En réalité, il s'agit du premier sex-shop au monde.

Prix Nobel posthume
Le prix Nobel de la Paix est attribué à titre posthume au Suédois Dag Hammarskjöld. Il était le Secrétaire général de l'ONU au moment de sa mort causé par le crash de son avion. Il s'agissait probablement d'un attentat alors qu'il se rendait au Congo pour négocier un cessez-le-feu.

1961

Le bras robotique

Les industriels Américains cherchent à améliorer la production massive de voitures. Ils n'hésitent donc pas à porter leurs efforts sur la robotique. C'est ainsi que dans les usines de General Motors, un premier bras robotique effectue pour la première fois la tâche d'un travailleur d'usine.

Age tendre et tête de bois

30 mai 1961. Grand début pour *Age tendre et tête de bois*, l'émission de télévision de musique de variétés, animée par Albert Raisner. Avec des décors originaux et des invités prestigieux comme Johnny Hallyday, Françoise Hardy, ou encore Gilbert Bécaud, le programme devient très vite populaire auprès des jeunes. L'émission a laissé un souvenir impérissable pour toute une génération, et reste un des programmes musicaux les plus importants de la télévision française.

 ## DIVERTISSEMENT

Une série culte

7 janvier 1961. Première diffusion au Royaume-Uni d'une série qui a marqué toute une génération : *Chapeau melon et bottes de cuir* (ou *The Avengers* en anglais). Créée par Sydney Newman, la série met en scène les aventures de John Steed, un agent secret au look iconique, accompagné de différentes partenaires féminines. Une série culte, qui est un joyeux cocktail mélangeant action, science-fiction et espionnage, avec une touche d'humour british !

Palme d'Or

Mai 1961. La quatorzième édition du Festival de Cannes récompense 2 films de la Palme d'Or, une première depuis la création de la célèbre 'palme' en 1955. Le Français Henri Colpi pour *Une aussi longue absence* et l'espagnol Luis Buñuel pour *Viridiana* sont récompensés par le jury présidé par Jean Giono.

Mort de Céline

1er juillet 1961. L'écrivain Louis-Ferdinand Céline meurt à Meudon. Il avait été récompensé notamment par le prix Renaudot pour *Voyage au bout de la nuit*. Il est considéré comme l'un des écrivains français les plus marquants du XXème siècle.

Les Damnés de la Terre

Le livre *Les Damnés de la Terre* évoque le colonialisme, l'aliénation du colonisé et les guerres de libération. Ecrit par Frantz Fanon peu avant sa mort, son essai gagne en popularité grâce à la préface de l'illustre Jean-Paul Sartre. Avec sa mise en lumière des mouvements anticolonialistes, l'ouvrage est considéré comme faisant l'apologie de la violence : il est interdit lors de sa sortie en France qui fait face aux revendications d'indépendance de ses colonies.

1961

Le 'Jackie' de Gucci
Reconnaissable à sa anse courte, sa forme arrondie et un fermoir doré, le célèbre sac Gucci sort en 1961. Nommé à l'origine 'G1244', le sac est adopté et rendu célèbre par la Première dame américaine Jackie Kennedy. La marque italienne renomme donc ce sac en son honneur : 'Jackie 1961'.

Les Français se font plaisir !
Le pouvoir d'achat des Français est au plus haut. En 1961, les Français consomment 61 000 tonnes de chocolat, 138 000 tonnes de confiseries, 385 000 tonnes de volailles, 600 000 tonnes de charcuteries ainsi que 1 milliard 408 millions d'huitres.

Le carré blanc à la télé
Le carré blanc est le premier élément présent à la télévision pour avertir qu'un programme n'est pas 'tout public'. Il est créé à la suite de la diffusion du film *L'Exécution* de Maurice Cazeneuve où l'on voit une femme de dos nue.

West Side Story
Un film musical américain réalisé par Jerome Robbins et Robert Wise, d'après la comédie musicale de Leonard Bernstein (1957). Grand succès populaire et critique, il s'impose comme un classique du genre et remporte 10 récompenses lors de la 34e cérémonie des Oscars. Le film raconte l'histoire d'amour de Tony et Maria, appartenant chacun à 2 gangs rivaux de New York : une sorte d'adaptation moderne de *Roméo et Juliette*.

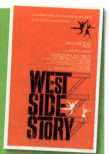

L'Année dernière à Marienbad
Réalisé par Alain Resnais, *L'Année dernière à Marienbad* est un film énigmatique et ambigu qui a divisé la critique. L'intrigue du film tourne autour d'un homme qui rencontre une femme et il tente de la convaincre qu'ils ont eu une liaison l'année précédente… La structure narrative du film, jouant avec la perception de la réalité par le spectateur, a inspiré de nombreux autres films comme *Inception* de Christopher Nolan.

Les 101 Dalmatiens
20 décembre 1961. Les studios Walt Disney rendent célèbre les fameux chiens blancs à tâches noires avec ce long-métrage d'animation devenu mythique. C'est le premier film à utiliser la technique de la 'xérographie' employée aussi pour la photocopie et pour l'impression laser.

1961

Fantômette
L'année 1961 est la genèse d'une figure emblématique de la littérature : *Fantômette*. Le premier roman, écrit par Georges Chaulet, raconte l'histoire d'une jeune fille de 16 ans qui devient justicière la nuit sous le nom de Fantômette. Action, humour, et fantaisie, sont la recette de son succès auprès de la jeunesse.

MUSIQUE

Let's Twist Again
Chubby Checker invite au 'twist' avec son interprétation du morceau *The Twist* et sa propre chanson *Let's Twist Again*. En septembre 1961, Johnny Hallyday lance le twist en France sur la scène de l'Olympia. Il chante en français ce morceau qui devient *Viens danser le twist* sur un album du même nom comportant cette adaptation française suivie d'une reprise en anglais de l'original.

Les Chaussettes Noires
Ils débutent sous le nom de 'Les Cinq Rocks'. Leur premier disque contient un arrangement de *Be-bop-A-Lula* de Gene Vincent. Curieusement, lors de leur première diffusion à la radio, ils s'appellent 'Les Chaussettes Noires'. Pour quelle raison ? Leur maison de disques a négocié un contrat de sponsoring avec les chaussettes Stemm.

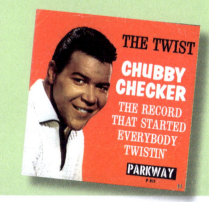

Stand by Me
Ben E. King est un artiste de blues récemment mis en lumière avec son premier single *Spanish Harlem*. Mais c'est grâce à la chanson *Stand By me* qu'il confirme son statut de star mondiale. La musique a un tel succès qu'elle est considérée comme l'une des 500 meilleures musiques de tous les temps ! Et c'est l'une des plus reprises également.

Les crooners
Un crooner est un chanteur de charme américain caractérisé par un style de chant au ton chaleureux et émotionnel qu'il communique avec son timbre de voix. Le crooner chante surtout des ballades. Dick Haymes, Buddy Clark, Perry Como, Dean Martin et Frank Sinatra figurent parmi les crooners les plus connus. Le genre musical est en perte de vitesse face à la montée en popularité du rock'n'roll.

1961

Festival rock
24 février 1961.
Le Palais des Sports de Paris accueille le Festival mondial de rock'n'roll. A l'affiche : l'Américain Bobby Rydell, l'Italien Little Tony, le Britannique Emile Ford & The Checkmates et, pour la France, Les Chaussettes Noires et Johnny Hallyday. Plus de 5 000 jeunes assistent à cet événement.

MES 18 PREMIÈRES ANNÉES
TOP 10 — 1961

1. Hugues Aufray *Santiano*
2. Gilbert Bécaud *Et maintenant*
3. Jacques Brel *Le moribond*
4. Ray Charles *Hit the Road Jack*
5. Chubby Checker *Let's Twist Again*
6. Johnny Hallyday *Viens danser le twist*
7. Dario Moreno *Brigitte Bardot*
8. Ricky Nelson *Hello Mary Lou*
9. Édith Piaf *Non, je ne regrette rien*
10. Del Shannon *Runaway*

Open | Search | Scan

Eurovision à Cannes
La sixième édition de l'Eurovision se déroule à Cannes. Championne en titre, la France termine à la quatrième place avec la chanson *Printemps, avril carillonne*, interprétée par Jean-Paul Mauric. La sensation reste la performance du Luxembourgeois Jean-Claude Pascale, avec sa chanson *Nous Les Amoureux*.

Un standard du jazz
João Gilberto est un musicien brésilien à l'origine de l'essor de la bossa nova, mouvement fondamental du jazz. Habitué à jouer ce genre, un mélange de samba et de jazz, le musicien enregistre une version modifiée de la musique italienne *Estate*. Sa création, sur un rythme de bossa nova, a un succès immédiat dans le monde du jazz, devenant l'un des plus grands standards du genre. Son interprétation d'*Estate* sert encore aujourd'hui de référence pour tous les jazzmen.

Disco Revue
28 septembre 1961.
Le premier numéro de *Disco Revue* est dans les bacs. Ce mensuel est le premier à se spécialiser dans la nouvelle mode : le rock'n'roll. Johnny Hallyday est présent sur la couverture. Le magazine fait découvrir à la France de nouveaux héros américains comme Eddie Cochran et Gene Vincent mais il met aussi en avant de nouveaux noms français comme Sylvie Vartan et Les Chaussettes Noires.

RÉPONSE PHOTOS Copyright 2024, TDM Rights BV.
Photos : **A** Universal - Sygma - Getty Images / **B** Keystone-France - Gamma-Keystone - Getty Images / **C** Keystone-France - Gamma-Keystone - Getty Images / **D** Keystone-France - Gamma-Rapho - Getty Images / **E** George Marks - Hulton Archive - Getty Images / **F** Keystone-France - Gamma-Keystone - Getty Images / **G** Sovfoto - Universal Images Group Editorial - Getty Images / **H** Bettmann - Getty Images / **I** NASA - Hulton Archive - Getty Images / **J** Ullstein bild - Getty Images / **K** Fairchild Archive - Getty Images / **L** Keystone-France - Gamma-Rapho - Getty Images / **M** Dora Zett - Shutterstock / **N** Michael Ochs Archives - Getty Images / **O** Tom Copi - Michael Ochs Archives - Getty Images.

1962

MES 18 PREMIÈRES ANNÉES

SPORT

Masters de golf
9 avril 1962. Après avoir gagné l'Open britannique la même année, Arnold Palmer remporte le Masters de golf pour la troisième fois de sa carrière. Il consolide ainsi sa position en tant que l'un des plus grands golfeurs de tous les temps.

Triplé pour Anquetil
En 1962, Jacques Anquetil remporte le Tour de France pour la troisième fois, devenant ainsi le premier coureur à réaliser cet exploit. Sa domination indéniable est soulignée par sa victoire dans le contre-la-montre entre Bourgoin et Lyon et par sa capacité à gérer avec brio les étapes de montagne. Son style élégant et sa stratégie calculée lui permettent de consolider sa réputation en tant que l'un des plus grands coureurs de l'histoire du cyclisme.

Stablinski champion du monde
2 septembre 1962. Le Français Jean Stablinski devient champion du monde de cyclisme sur route à Salò en Italie. Il devance l'Irlandais Semus Elliott et le Belge Jos Hoevenaars.

Pelé champion du monde
17 juin 1962. Le Brésil triomphe à la Coupe du Monde de la FIFA. L'équipe brésilienne sous la direction de Pelé éblouit le monde avec un jeu flamboyant. C'est leur deuxième victoire consécutive, malgré la blessure de leur star. Les footballeurs brésiliens impressionnent les supporters du monde entier avec leur talent et leur détermination sur le terrain, affirmant ainsi leur domination sur le football mondial.

Le XV tout en haut
17 novembre 1962. L'équipe de France de rugby à XV triomphe au Tournoi des Cinq Nations en remportant leur quatrième tournoi d'affilé. Sous la direction du capitaine Pierre Lacroix, les Français affichent un jeu puissant et stratégique, remportant notamment une victoire marquante 11-0 contre leurs rivaux anglais.

---

29 JAN 1962
Présentation de la première collection Yves Saint Laurent.

5 FEV 1962
Les planètes Mars, Jupiter, Mercure, Venus, et Saturne sont alignées.

22 MAR 1962
Jacques Mesrine est incarcéré pour la première fois après le braquage manqué d'une banque.

1962

Saint-Etienne mène le jeu
13 mai 1962. L'équipe menée par René Domingo scelle sa première victoire en Coupe de France face au FC Nancy. Ce titre, le deuxième dans l'histoire des Verts, marque le début de la folle épopée qui permet au club de remporter 18 coupes et championnats entre 1962 et 1977.

Attentats de l'OAS
En janvier et février, Paris et sa proche banlieue sont secoués par une série d'attentats à la bombe perpétrés par l'Organisation de l'armée secrète (OAS). C'est un groupe militant d'extrême droite opposé à l'indépendance de l'Algérie. Ces attaques ciblent plusieurs lieux symboliques de la capitale, dont le siège du Parti Communiste français, une gare, le siège d'un journal et des édifices publics. Les explosions font de nombreuses victimes et causent d'importants dégâts matériels, exacerbant les tensions politiques de l'époque.

VOUS SOUVENEZ-VOUS ?

Boite à cigarettes

ACTUALITES

Le tunnel du Mont-Blanc
Après avoir creusé 5 800 mètres de galeries sous le Mont-Blanc, les équipes italiennes et françaises se rejoignent pour former un tunnel de 11,6 kilomètres qui sera finalement inauguré 3 années plus tard en 1965.

Congés payés
En 1962, Renault fait un pas significatif pour le bien-être de ses travailleurs en instaurant la quatrième semaine de congés payés. Cette mesure, adoptée dans un contexte de prospérité économique, contribue à améliorer la qualité de vie des employés.

Répression à Charonne
8 février 1962. Le quartier parisien de Charonne est le théâtre d'un événement tragique. Une manifestation pour la paix en Algérie et contre l'OAS se transforme en affrontement violent avec la police. L'intervention des forces de l'ordre aboutit à la mort de 9 personnes piétinées dans la bousculade alors que les manifestants tentent de se réfugier dans la station de métro Charonne.

20 AVR 1962
Le général Raoul Salan, chef de l'OAS, est arrêté à Alger et condamné à l'emprisonnement à perpétuité.

19 MAI 1962
Le criminel de guerre Adolf Eichmann est pendu en Israël.

JUN 1962
1 million de Français d'Algérie et de Harkis se réfugient en France.

1962

Sans vapeur
L'année 1962 marque la fin de l'ère des trains à vapeur. Les locomotives fonctionnant à l'électricité ou au gasoil remplacent progressivement le fonctionnement à vapeur qui est relégué dans les livres d'histoire.

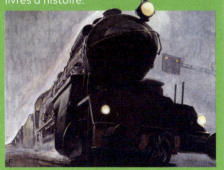

En route
En 1962, le Ministre des Travaux publics Roger Dusseaulx annonce envisager la mise en service de 175 km d'autoroute par an. Le tronçon Paris-Avallon est inauguré en 1967. La France déroule alors 660 km de ce ruban d'asphalte. Les nationales sont bordées de platanes et les stations-services rythment les voyages. Les pompistes servent l'essence, font le plein d'eau, vérifient les niveaux d'huile, nettoient le pare-brise, la vitre arrière, les feux et donnent un coup d'œil sur les pneus. Le prix du litre est déjà taxé à 76,1 %.

Entrée en vigueur de la PAC
30 juillet 1962. La Politique Agricole Commune, prévue par le traité de Rome en 1957, est instaurée par la Communauté Économique Européenne (CEE), précurseur de l'Union Européenne.

Le France
19 janvier 1962. Fraichement sorti des ateliers de Saint-Nazaire 2 ans auparavant, le paquebot France est mis en service. Il entreprend sa première traversée transatlantique le 3 février en direction de New York.

POLITIQUE

Accords d'Evian
18 mars 1962. Les accords d'Évian marquent la fin de 8 années de guerre entre la France et le Front de Libération Nationale Algérien. Ces accords ouvrent la voie à l'indépendance de l'Algérie, prévoient un cessez-le-feu, le rapatriement des Français d'Algérie, ainsi que la protection des Harkis.

Giscard devient ministre
À la suite d'un remaniement ministériel le 18 janvier, Valéry Giscard d'Estaing devient ministre des Finances et des Affaires économiques succédant à Wilfrid Baumgartner.

---

8 JUL 1962 — Charles de Gaulle et Konrad Adenauer scellent la réconciliation franco-allemande à Reims.

22 AOÛ 1962 — Le président Charles De Gaulle échappe de justesse à « l'attentat du Petit-Clamart ».

12 SEP 1962 — Le président américain John Kennedy promet que son pays enverra un homme sur la lune.

1962

René Coty
22 novembre 1962. Le dernier président de la IVe République s'éteint à l'âge de 80 ans à la suite d'un infarctus.

ACTUALITES INTERNATIONALES

Pompidou Premier ministre
14 avril 1962. La nomination de Georges Pompidou au poste de Premier ministre marque le début d'une nouvelle ère politique en France. Ancien professeur de lettre et employé à la banque Rothschild, Pompidou est choisi par le président Charles de Gaulle. Son mandat est marqué par des réformes économiques audacieuses, contribuant à moderniser l'économie française.

Président élu au suffrage universel
Les Français se prononcent par référendum pour l'élection du Président de la République au suffrage universel. Cette réforme vise à renforcer la démocratie en donnant directement la parole au peuple. Cette décision établit le principe du vote direct des citoyens pour élire leur chef d'État.

La loi Malraux
Alors que les villes commencent à être profondément modifiées par l'urbanisme des années 1960, la loi Malraux est votée. Cette dernière permet la création de secteurs sauvegardés « lorsque ceux-ci présentent un caractère historique, esthétique ou de nature à justifier la conservation ».

L'indépendance de l'Algérie
3 juillet 1962. Le président Charles De Gaulle amorce un virage historique en prônant l'autodétermination de l'Algérie. Dès lors, des négociations s'engagent avec les représentants Algériens du Front de Libération Nationale (FLN). De leur côté, certains généraux français opposés à l'indépendance de la colonie tentent, sans succès, un putsch en avril 1961. L'indépendance du pays est finalement actée avec les accords d'Evian du 18 mars 1962. Mais les opposants à cette indépendance mènent des actions terroristes au nom de l'OAS (Organisation de l'Armée Secrète). Mais rien n'y fera et la France reconnaît officiellement l'indépendance de l'Algérie le 3 juillet.

Massacre de Harkis
Le Front de Libération Nationale algérien est impliqué dans la mort de 60 à 150 000 Harkis, des Algériens qui ont servi dans l'armée française.

---

25 OCT 1962
La crise de Cuba se termine. Les bateaux soviétiques en route pour Cuba font demi-tour.

29 NOV 1962
Un accord franco-anglais est signé pour la création du projet d'avion supersonique Concorde.

15 DÉC 1962
A Noël, le lac d'Annecy est gelé. Il fait froid, très froid.

1962

La crise de Cuba

Après l'invasion ratée de la Baie des Cochons soutenue par les Américains et menée par des exilés cubains, le leader Cubain Fidel Castro fait appel aux Soviétiques pour recevoir de l'aide militaire supplémentaire. Le maître du Kremlin Nikita Khrouchtchev accède à cette demande. C'est alors qu'un avion espion américain découvre que des missiles soviétiques sont en cours d'installation sur le territoire cubain en direction des Etats-Unis. Furieux, le président John Kennedy exige aussitôt le démantèlement des installations et annonce un blocus maritime de Cuba pour empêcher les navires soviétiques d'amener d'autres missiles sur l'île. Kennedy propose alors un ultime compromis : il promet de ne pas attaquer Cuba et de retirer les missiles américains proches des frontières soviétiques si ceux-ci démantèlent leurs installations nucléaires cubaines. Le leader soviétique accepte. Cet épisode a fait craindre une guerre nucléaire.

Les évadés d'Alcatraz

11 juin 1962. 3 hommes s'échappent de la fameuse prison étroitement surveillée, située sur l'île d'Alcatraz au large de San Francisco. Pour ce faire, ils ont notamment confectionné de fausses têtes de papier mâché. Ils empruntent un couloir de service inutilisé, avant de monter sur un radeau improvisé. La suite reste un mystère car on n'a plus jamais entendu parler d'eux. Le réalisateur américain Don Siegel s'inspirera de l'affaire pour tourner *L'Evadé d'Alcatraz* avec Clint Eastwood.

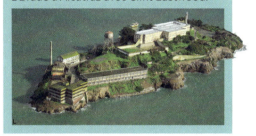

Mandela emprisonné

5 août 1962. Les actions pacifiques menées par Nelson Mandela au nom de l'ANC (African National Congress) pour protester contre la politique d'apartheid en Afrique du Sud sont réprimées par les autorités blanches. L'ANC est même frappé d'interdiction et déclaré hors-la-loi. Mandela décide alors de constituer avec le parti communiste le groupe paramilitaire « Umkhonto we Sizwe ». Il mène alors des actions de sabotage et de guerilla. Effrayé par la perspective d'une révolution communiste dans le pays, les Américains accordent leur aide au régime d'apartheid pour retrouver Mandela. Ils y réussiront le 5 août.

1962

Marilyn : suicide ou meurtre ?

5 août 1962. Symbole sexuel, icône du mouvement pop, actrice de cinéma, pin-up, modèle pour posters et chanteuse, Norma Jean Mortenson ou Marilyn Monroe est une véritable star mondiale des années 50 et 60. Ses photos provocantes, ses rôles de blonde un peu étourdie, ses interventions souvent marquantes dans les médias et sa vie sentimentale agitée en feront un symbole de la révolution sexuelle. Le choc provoqué par la nouvelle de sa mort en sera d'autant plus intense. Elle est retrouvée sans vie dans son lit et l'autopsie de son cadavre conclura à une mort causée par une overdose de médicaments.

Jules et Jim

Le film *Jules et Jim* réalisé par François Truffaut, est adapté du roman éponyme de Henri-Pierre Roché. Le film raconte l'histoire de 2 amis, Jules et Jim, et de leur relation amoureuse avec Catherine, une femme libre et envoûtante.

Intervilles

Un incontournable du paysage télévisuel français. Conçu comme un concours de jeux entre différentes villes, elle captive les téléspectateurs par son mélange de compétition et de divertissement. Animée par Guy Lux et Léon Zitrone, l'émission est un succès instantané rassemblant familles et amis devant leur téléviseur chaque semaine.

DIVERTISSEMENT

Bonne nuit les petits

Cette émission pour enfants sous la direction de Claude Laydu devient rapidement un rendez-vous incontournable du petit écran. Elle met en scène le rituel du coucher avec Nounours, Nicolas et Pimprenelle, marquant toute une génération d'enfants français.

Un singe en hiver

Ce film de Henri Verneuil sorti en 1962 et adapté du livre éponyme d'Antoine Blondin réunit 2 légendes du cinéma français : Jean Gabin et Jean-Paul Belmondo. L'histoire suit les péripéties alcoolisées et torturées de 2 protagonistes. Le film, mêlant humour et mélancolie devient un véritable succès.

1962

Pop Art
L'artiste Américain Andy Warhol réalise 2 de ses plus importantes oeuvres de pop art. Après le décès inattendu de Marilyn Monroe, il élabore un dyptique agrémenté de 50 portraits de la star inspirés de la photo de presse diffusée pour la promotion du film *Niagara* (1953). A la même époque et toujours à l'aide de la sérigraphie, 32 peintures reproduisant des boîtes de conserve de soupes Campbell font leur apparition dans une galerie d'art. Des images banales sublimées par leur dimension et exposées sur les murs d'un musée... De quoi mettre en émoi le monde de l'art.

Salut les copains
Cette émission de radio, créée par Daniel Filipacchi et Frank Ténot, devient rapidement l'épicentre de la culture pop en France. Diffusant les tubes les plus branchés, elle crée un lien unique avec la jeunesse, propulse une nouvelle génération d'idoles musicales et définit un véritable style de vie.

Un clair de lune
La comédie satirique française *Un clair de Lune à Maubeuge* est réalisée par Jean Chérasse. Le film met en scène les péripéties d'un chauffeur de taxi, interprété par Pierre Perrin. Le film est inspiré de l'histoire de ce dernier. Avec son humour et son charme, ce long métrage est devenu un classique du cinéma français.

1962

Venez twister

Le « twist » venant du verbe anglais signifiant « tordre » ou « se tortiller » est une danse extrêmement populaire au début des années 1960, en même temps qu'un genre musical dérivé du rock'n'roll. Divers producteurs et artistes tentent alors de lancer des danses concurrentes dont certaines dérivées du twist comme le « Loco-Motion » ou le « mashed potatoes ». Mais aucune ne pend durablement, à l'exception du « madison » reposant sur une base musicale distincte.

Prix Nobel pour Steinbeck

26 octobre 1962. Le prix Nobel de littérature est attribué à John Steinbeck. En décernant son prix, l'Académie suédoise déclare qu'elle a choisi Steinbeck « parce que dans ses écrits l'imagination est fertile sans détruire le profond sens de la réalité, et que de ses livres se dégage une psychologie empreinte de tendresse humaine et d'humour ».

1962 au théâtre

Une pièce au Théâtre du Soleil. Le port de Marseille aujourd'hui. Nadia attend un bateau et retrouve Gharib. Elle vit en Algérie, lui a choisi l'exil. Aux déchirures du présent se mêle le souvenir de leur enfance commune, enfance heureuse bercée par l'attente de « l'indépendance ». Avec sensibilité Mohamed Kacimi dépeint un monde perdu dans *1962* (sortie en 2003). Un chant à l'innocence et à la poésie de l'enfance, ignorante des péripéties politiques, et à la soif de liberté et d'amour de l'adolescence, qui se heurte à l'intégrisme.

Jean Yanne et Jacques Martin

Cette année voit arriver sur le devant de la scène 2 personnalités qui marqueront le paysage audiovisuel français.

La Madrague

La chanson *La Madrague* est inspirée de la propriété que Brigitte Bardot a achetée à Saint-Tropez. « Jean-Max Rivière a eu l'idée merveilleuse de mettre en musique les sentiments simples, joyeux et nostalgiques que le lieu lui inspirait à travers moi », témoigne Brigitte Bardot. Cette chanson est la préférée de son répertoire. Elle l'interprète pour la première fois à la télévision le 8 juin 1967. Dans la vidéo l'actrice et chanteuse, pieds nus, en chemise et en pantalon, déambule entre la plage et sa maison.

MUSIQUE

1962

Quand le train siffle

Le parolier Jacques Plante adapte en français la chanson folklorique américaine *500 miles*. Richard Anthony et Hugues Aufray interprètent tous deux une version de *Et j'entends siffler le train*. L'interprétation d'Aufray, peu connu à l'époque, est à peine remarquée. La chanson raconte l'histoire d'un jeune homme qui entend le sifflement lointain d'un train emportant sa bien-aimée mais il n'a pas osé venir lui dire au revoir. La chanson prend un nouveau sens dans le contexte de fin de Guerre d'Algérie : le refrain rappelle aux appelés et à leurs familles les trains qui les emmenaient de l'autre côté de la Méditerranée.

Le roi du twist

Danyel Gérard est consacré roi du twist avec les chansons *Le petit Gonzales*, *La Leçon de twist*, *L'Incendie* et *Le Marsupilami*. Il est l'un des tout premiers chanteurs de rock français. *D'où reviens-tu, Billie Boy ?* est une adaptation de la chanson américaine *Where have you been Billie Boy ?*

Belles, belles, belles

La vague yéyé vient de déferler sur le territoire. Toute une jeunesse danse au son du madison, du twist et du rock, comme emportée par cette nouvelle génération de jeunes chanteurs qui traversent le petit écran et qui rebondissent sur les scènes hexagonales. Parmi les Johnny, Sylvie, Richard ou Frank, un parfait inconnu tente désespérément d'accrocher le public. Il s'appelle Claude François et pour lui toutes les filles sont *Belles, belles, belles*.

Françoise Hardy

28 octobre 1962. Une nouvelle étoile est née. Françoise Hardy, âgée de 18 ans seulement, entre par la grande porte avec *Tous les garçons et les filles* : une chanson mélancolique sur la solitude qui devient l'hymne d'une génération. Elle l'interprète pour la première fois à la télévision le 28 octobre. À la fin de l'année, la chanson s'est déjà vendue à 500 000 exemplaires. Hardy acquiert une renommée internationale. Bob Dylan lui écrit un paquet de lettres d'amour et Mick Jagger la nomme son 'idéal féminin'. Elle tombe finalement amoureuse de Jacques Dutronc.

1962

Les Chats Sauvages
Les Chats Sauvages sortent leur deuxième album *Oh ! Oui*. Avec Les Chaussettes Noires, les 5 Niçois forment le premier groupe de rock français à succès. Leurs principales influences sont Elvis Presley et les Shadows.

MES 18 PREMIÈRES ANNÉES
TOP 10 — 1962

1. **Richard Anthony** *J'entends siffler le train*
2. **The Beatles** *Love Me Do*
3. **Les Chats Sauvages** *Twist à Saint-Tropez*
4. **Pat Boone** *Speedy Gonzales*
5. **Johnny Hallyday** *L'idole des jeunes*
6. **Françoise Hardy** *Tous les garçons et les filles*
7. **Claude François** *Belles! Belles! Belles!*
8. **Elvis Presley** *Return to Sender*
9. **Henri Salvador** *Le lion est mort ce soir*
10. **The Tornados** *Telstar*

Open | Search | Scan

Restera-t-il un chant d'oiseau ?
Jean Ferrat, visionnaire ? En 1962, cette chanson pose une des questions actuelles des plus cruciales sur la disparition des oiseaux : « Que restera-t-il sur la terre, Dans cinquante ans, On empoisonne les rivières (…) Restera-t-il un chant d'oiseau ? ».

Les bourgeois
Composée par Jean Corti et interprétée par le chanteur Belge Jacques Brel sur la scène de l'Olympia en 1961, cette chanson sort auprès du grand public l'année suivante. Elle fait référence à l'évolution de la pensée en fonction de la catégorie sociale dans laquelle on évolue.

Radio transistor

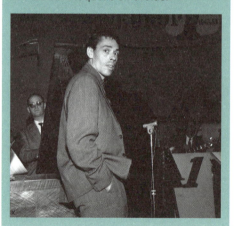

1963 — MES 18 PREMIÈRES ANNÉES

SPORT

On s'impose au judo
10 - 11 mai 1963. La 12ème édition des Championnats d'Europe de Judo qui rassemble 19 nations et 150 participants se déroule en Suisse. La France qui remporte le plus de médailles s'impose comme la meilleure nation de judo. Jacques Noris gagne la médaille d'or (-80kg), tandis que Robert Forestier (-68kg), Marcel Nottola (-80kg) et Michel Yacoubovitch (open) remportent la médaille de bronze.

Jim Clark
L'année 1963 est celle de la consécration pour Jim Clark qui remporte 7 courses sur les 10 disputées dont les Grands Prix de Monaco, de Belgique et d'Italie. Ces exploits feront de lui l'un des meilleurs pilotes de l'histoire de la Formule 1.

Le Stade Montois champion
Lors de la saison 1963 de Rugby à XV, une finale inédite pour le titre de Champion de France a lieu entre l'US Dax et le Stade Montois, un duel entre les 2 villes des Landes. Le match est marqué par une météo capricieuse avec des orages accompagnés d'averses et de grêle. Le Stade Montois remporte finalement le titre sur un faible score de 9 à 6 après avoir essuyé trois échecs lors des dernières années.

Doublé pour l'AS Monaco
26 mai 1963. Après un début catastrophique en championnat avec 1 point en 8 journées, l'ASM finit par monter en puissance et remporte la ligue 1. En parallèle, Monaco affronte Lyon en match final de la Coupe de France. La première confrontation se terminant par 1-0 après prolongation, la Coupe de France est rejouée et Monaco s'impose 2-0 le 23 mai, validant ainsi son doublé coupe-championnat.

VOUS SOUVENEZ-VOUS ?

Projecteur de diapositives

Anquetil gagne le Tour
14 juillet 1963. Pour cette 50ème édition, c'est le Français Jacques Anquetil qui remporte le Tour de France réalisant le doublé Tour de France et Tour d'Espagne la même année.

1 JAN 1963
L'appellation 'francs' remplace 'nouveaux francs' sur les billets de banque français.

19-20 FEV 1963
De fortes chutes de neige se produisent. On mesure 10 à 20cm en région parisienne.

17 MAR 1963
Un tremblement de terre à Bali coûte la vie à 2 000 personnes.

1963

ACTUALITES

Grève des mineurs
1er mars 1963. Les mineurs du Nord-Pas-De-Calais et de Lorraine se mettent en grève. Ces derniers réclament de meilleures conditions de travail et des salaires plus élevés. Soutenues par le peuple français, les manifestations sont marquées par la violence entre les Forces de l'Ordre et les grévistes : plusieurs personnes y perdront la vie. Grâce à cette mobilisation, des accords ont finalement été signés avec le gouvernement.

Premier réacteur nucléaire
4 avril 1963. Pour la première fois le réacteur nucléaire expérimental Pégase dans le Sud de la France est mis en service. Ce réacteur à eau lourde pressurisée est conçu pour valider ou non la capacité du pays à accueillir le nucléaire et assurer à l'avenir la production d'électricité.

La Joconde à Washington
En place depuis 1911 au Louvre, La Joconde est envoyée en 1963 pour une exposition à la National Gallery of Art de Washington. Le succès est au rendez-vous avec plus de 1,6 million de visiteurs dont le président Kennedy et sa femme.

Hypermarché Carrefour
3 juin 1963. Le premier hypermarché Carrefour qui propose un large choix de produits alimentaires et non alimentaires sous une même enseigne ouvre dans l'Essonne. Le succès est immédiat avec des clients qui viennent de toutes les régions. Cette implantation marque un tournant majeur dans l'histoire de la distribution et donne naissance à une multitude d'hypermarchés.

Affaire Jean Bastien-Thiry
Fervent défenseur de l'Algérie Française, Jean Bastien-Thiry est reconnu coupable d'avoir ordonné et organisé l'attentat du petit Clamart contre le Général de Gaulle en 1962. Le lieutenant-colonel est fusillé par un peloton militaire à Ivry. Cette affaire divisera l'opinion publique, certains le considérant comme un héros, et d'autres comme un terroriste.

5 AVR 1963
Le chorégraphe Maurice Béjart remporte un grand succès à Paris avec Les Contes d'Hoffmann.

25 MAI 1963
32 pays indépendants signent la charte constitutive de l'Organisation de l'unité africaine (OUA).

21 JUN 1963
En 1963, la France retire ses forces navales de l'Atlantique et de la Manche du commandement allié de l'OTAN.

1963

La Vanoise parc national
6 juillet 1963. Le parc de la Vanoise, situé dans les Alpes à proximité de Chambéry, devient le premier parc national français. Avec une superficie de 528km², le parc est créé pour assurer la protection de la faune et flore locales, mais principalement le bouquetin, une espèce en voie de disparition.

Nice tremble
19 juillet 1963. Un tremblement de terre de magnitude 5.9 frappe la région de Nice. Cette secousse ressentie dans plusieurs départements limitrophes provoque d'énormes dégâts matériels. Des mesures pour prévenir des futurs risques potentiels sont alors mises en oeuvre.

Billes de verre

Les billets lettrés
A partir de 1963, la Banque de France remplace progressivement les anciennes coupures. Les gens de lettres y sont largement représentés : Voltaire, Racine, Corneille et finalement Pascal. Seul Pasteur vient rompre cette unité en remplaçant Victor Hugo sur les coupures de 5 francs.

Maison de la Radio
14 décembre 1963. Charles de Gaulle inaugure la Maison de la Radiodiffusion-Télévision France (RTF). Cet événement diffusé en direct sur les radios et les télévisions marque l'essor de ces medias et l'histoire de l'audiovisuel en France.

 ## POLITIQUE

Non à l'Europe pour l'Angleterre
14 janvier 1963. Lors d'une conférence le président de Gaulle annonce son opposition à l'entrée du Royaume-Uni dans la Communauté Economique Européenne (CEE), ancêtre de l'Union Européenne. Des raisons comme l'incompatibilité économique et les liens forts entre le Royaume-Uni et les USA qui ne répondent pas à la vision de l'Europe du Général sont invoquées.

---

27 JUL 1963 — Le premier défilé de Courrèges a lieu.

1-6 AOÛ 1963 — De violents orages dans le Sud-Ouest de la France.

19 SEP 1963 — *L'Express* annonce la candidature de 'Monsieur X' (Gaston Defferre) à l'élection présidentielle.

1963

Traité de l'Elysée
22 janvier 1963. Le traité de l'Elysée, est signé entre le président Charles de Gaulle et le chancelier Allemand Konrad Adenauer. C'est un événement majeur qui marque le début de la collaboration franco-allemande et scelle la réconciliation entre les deux pays.

Egalité entre régions
14 février 1963. En plein contexte de forte croissance économique et d'exode rural, la Délégation à l'Aménagement du Territoire et à l'Attractivité Régionale (DATAR) est créée par le gouvernement. La DATAR vise à corriger les disparités économiques et sociales entre les régions françaises.

Fumée blanche
3 juin 1963. Décès du Pape Jean XXIII. Ce chef de l'Eglise catholique plaidait pour l'union de tous les chrétiens. Il n'hésitait pas à faire preuve d'humour et de spontanéité devant les caméras de la télévision. De fils d'agriculteur à chef de la chrétienté, la nouvelle de sa mort déclenche une vague de tristesse. A l'issue d'un très bref conclave, le cardinal Giovanni Battista Montini lui succède sous le nom de Paul VI.

ACTUALITES INTERNATIONALES

Première femme dans l'espace
16 juin 1963. La Russe Valentina Terechkova devient la première femme à aller dans l'espace à bord du vaisseau spatial Vostok 6. Elle présente les symptômes du mal de l'espace. Sur les images retransmises, elle semble manifestement affaiblie et fatiguée, sa carrière sera compromise.

OCT 1963
Tournée française du chanteur américain Gene Vincent, connu par sa chanson *Be-Bop-A-Lula*.

24 NOV 1963
Assassinat de Lee Harvey Oswald, l'assassin présumé du président John F. Kennedy.

12 DÉC 1963
Le Kenya, jusqu'alors colonie du Royaume-Uni, obtient son indépendance.

1963

« Ich bin ein Berliner »
26 juin 1963. La phrase « Je suis un Berlinois » prononcée par le président Américain Kennedy est légendaire. Il est acclamé immédiatement par une foule considérable amassée autour de l'hôtel de ville de Berlin-Ouest. Le propos est d'autant plus percutant qu'il est lancé en pleine Guerre froide.

« I have a dream ! »
28 août 1963. Plus de 250 000 sympathisants du Mouvement des droits civiques défilent dans la capitale fédérale, Washington. Ils réclament des emplois et la liberté pour les Noirs américains aux Etats-Unis. La foule se rassemble devant le Lincoln Memorial. Et c'est là que des stars comme Mahalia Jackson, Bob Dylan et Joan Baez chantent *How I Got Over*, *We Shall Overcome* ou encore *Blowin in The Wind*. Le pasteur Martin Luther King Jr. prend la parole : Il rêve d'un monde sans racisme.

Le téléphone rouge
30 août 1963. C'est avec le message test technique classique « The quick brown fox jumped over the lazy dog's back 123456789 » qu'une ligne de communication téléphonique directe entre Moscou et Washington est établie. Ce contact entre la Maison Blanche et le Kremlin doit permettre d'éviter à l'avenir de dangereuses escalades entre les 2 grandes puissances pendant ces années de Guerre froide. La récente crise de Cuba n'est pas étrangère à cette initiative.

La Porsche 911
12 septembre 1963. La Porsche 911 est exposée pour la première fois au salon automobile de Francfort. Elle s'appelait à l'origine 901. Mais les responsables français de Peugeot s'indignent, affirmant détenir les droits sur tous les modèles de voiture qui affichent un zéro au centre des 3 chiffres. Dès lors, Porsche rebaptise sa voiture de sport 911. La sonorité de son moteur à plat alliée à un refroidissement par air participe à son succès : l'engin devient mythique.

Bouteille de coca

1963

L'assassinat de Kennedy

22 novembre 1963. Alors que Kennedy parcourt les rues de Dallas à bord de sa limousine présidentielle, l'immense foule texane acclame son président. A tel point que dans la voiture, l'épouse du gouverneur du Texas se tourne vers lui et lui dit : « Vous ne pouvez pas dire que les Texans ne vous aiment pas ». Il acquiesce en saluant le public : « Sûrement pas » seront ses derniers mots. Une détonation retentit. Le président est tué sur le coup.

Lee Harvey Oswald, présenté comme un ancien marin marxiste, est alors appréhendé comme tireur présumé. Toutefois, l'homme nie. La suite de l'enquête judiciaire n'apportera jamais de conclusion définitive.

Au revoir, Adenauer

15 octobre 1963. Après 14 ans comme Chancelier de la République Fédérale d'Allemagne (RFA), le règne de Konrad Adenauer se termine. Son bilan montre qu'il a fait de son pays une nation occidentale crédible et prospère qui a su se relever de la Seconde Guerre mondiale et des ravages du national-socialisme. Fort de ses compétences de gestionnaire et partisan d'une économie de marché sociale, il est bientôt qualifié de « Père du miracle économique allemand ». Son successeur Ludwig Erhard laissera moins de traces dans l'histoire.

 ## DIVERTISSEMENT

Le mépris

Durant l'année 1963, Jean Luc Godard réalise le film *Le mépris*, une adaptation du roman du même nom d'Alberto Moravia. Il met en vedette le duo Michel Piccoli et Brigitte Bardot dans un film qui raconte l'histoire d'un scénariste et de sa femme.

Lui

C'est en automne 1963 que Daniel Filipacchi et Frank Ténot, à l'origine de *Salut les copains*, lancent un nouveau magazine masculin : *Lui*. Un premier numéro paraît en novembre avec des articles sur la mode, la culture, ou encore la politique. Il se démarque des autres magazines par des contenus photographiques de mannequins ou d'actrices très populaires dans les années 60.

1963

Le Chevalier de Maison-Rouge
Adaptation du roman du même nom, *Le chevalier de Maison-Rouge* est une mini-série de 4 épisodes réalisée par Claude Barma sortie en mars 1963. La série se déroule à l'époque de la Révolution française, juste après l'exécution de Louis XVI. Diffusée sur RTF Télévision, la série devient rapidement populaire et un pilier du genre historique en France.

Les Tontons Flingueurs
27 novembre 1963. La sortie d'un monument du cinéma français : *Les Tontons Flingueurs*, réalisé par Georges Lautner. Ce film de gangsters, drôle, violent et cynique devient rapidement culte auprès du public et des critiques marquant toute une époque.

Thierry la Fronde
3 novembre 1963. Première diffusion du grand classique des séries françaises : *Thierry la Fronde*. Avec sa bande-son mythique, la série raconte l'histoire du jeune noble Thierry pendant la Guerre de cent ans qui, refusant de se soumettre, devient un hors-la-loi. Inspirée par *Robin des bois*, la série connait un immense succès.

L'Etranger
Publié pour la première fois le 25 mai 1942, le roman *l'Etranger* d'Albert Camus connaît un succès instantané et remporte le prix Goncourt. L'histoire d'un homme condamné à mort pose une belle réflexion sur la question de la peine de mort.

Jean Cocteau
11 octobre 1963. Décès de Jean Cocteau à l'âge de 74 ans. A la fois poète, romancier, ou encore cinéaste, il compte parmi les artistes qui ont marqué le début du XXème siècle. Qualifié de génie par ses pairs, il est connu pour des œuvres comme *Les Enfants terribles* et *Le Prince frivole*.

Les Raisins verts
Révolutionnaire par ses moyens techniques, l'émission créée par Jean-Christophe Averty propose un concept inédit : montrer une succession de sketchs et de chansons, couplés avec des séquences animées d'effets spéciaux, le tout, sans présentateur. Saluée pour sa créativité et son originalité, l'émission, en avance sur son temps, connaît un gros succès public.

1963

Merlin
25 décembre 1963. Une nouvelle ère s'ouvre pour Disney avec la sortie de *Merlin l'Enchanteur*. Ce film d'animation fait la transition des studios Disney vers un style plus ambitieux cassant l'image des contes de fées classiques.

La Panthère Rose
C'est en 1963 que *La Panthère rose* apparaît pour la première fois dans le film éponyme de Blake Edwards. Le personnage animé est présent dans le générique de fin avec la musique mythique que l'on connaît tous. Une première apparition marquante qui lancera la série de dessins animés autour du personnage iconique.

Le Guépard
Récompensé par une Palme d'Or au festival de Cannes en 1963, *Le Guépard* fait sensation. Réalisé par Luchino Visconti, et adapté du roman du même nom, le film se déroule dans une Sicile en pleine révolution, où l'on suit la descente aux enfers du prince de l'île. Un film encensé par la critique, est considéré comme un des grands classiques du cinéma.

Les Oiseaux
Considéré comme l'un des derniers chefs-d'œuvre d'Alfred Hitchcock, *Les Oiseaux* est un thriller américain sorti en septembre 1963. Ce film raconte l'histoire d'attaques inexpliquées par des oiseaux de toutes espèces, dans une petite ville de Californie. Un classique du cinéma d'épouvante, avec des scènes marquantes voir traumatisantes, qui insuffle la crainte des oiseaux à toute une génération !

MUSIQUE

La Beatlemania
La popularité des Beatles explose en février 1963 avec une première tournée au Royaume-Uni à guichets fermés. Parallèlement, des singles en tête des charts, de nombreuses apparitions à la télé et la sortie de leur premier album *Please Please Me* élèvent les 4 garçons de Liverpool au rang de superstars.

Magnétophone à cassette
Petite révolution dans le monde de l'audio et de la musique avec la sortie du Philips EL3300, le premier magnétophone à cassette portable. Cet appareil marque le début d'une nouvelle ère : l'accès à l'enregistrement audio est facilité. Ce magnétophone petit et léger avec des cassettes plus compactes permet aussi à bon nombre d'artistes de faire de la musique à moindre coût.

1963

Eddy Mitchell
1963 est l'année du changement pour Eddy Mitchell connu pour être le chanteur du groupe de rock Les Chaussettes Noires. Dorénavant désireux de faire cavalier seul, il sort son premier album *Voici Eddy... c'était le soldat Mitchell* en septembre 1963. Une réussite qui lance les débuts en solo de l'artiste.

Au temps des yéyés
22 juin 1963. La radio Europe n° 1 organise un concert gratuit Place de la Nation à l'occasion du premier anniversaire du magazine *Salut Les Copains*. Richard Anthony, Dick Rivers, Johnny Hallyday et Sylvie Vartan sont à l'affiche. Quelque 200 000 jeunes s'y rendent. L'événement a un grand impact. Le sociologue Edgar Morin dans un long article dans *Le Monde* parle de l'avènement du temps des yéyés : « Une nouvelle classe d'âge, attirée par un message d'extase sans religion, sans idéologie, véhiculé notamment par un très viril Johnny ».

Françoise Hardy
Déjà au sommet de sa gloire avec la réussite de son premier album, Françoise Hardy en lance un second, un an après, nommé *Le Premier Bonheur du jour*. C'est rapidement un triomphe critique et commercial et plusieurs musiques de l'album sont classées dans le top 15 des chansons les plus écoutées de l'année en France. Une année charnière pour Françoise Hardy.

La reine des yéyés
Avec *L'école est finie*, Sheila à tout juste 16 ans se hisse au rang de reine des yéyés, aux côtés d'autres jeunes super talents comme France Gall, Françoise Hardy et Sylvie Vartan. La chanson reste 6 semaines à la première place, faisant de son premier album la meilleure vente de l'année. « Je me rappelle que j'ai pris le métro avec ma première couverture de magazine », dit-elle à propos de cette célébrité soudaine. « J'étais assise dans la rame avec la une du journal en évidence. Et les gens ne faisaient pas le lien entre moi et la photo. Après *L'école est finie*, je ne pouvais plus descendre de chez moi pour acheter une baguette. Les gens couchaient sur mon paillasson ».

Dominique
L'artiste Belge Sœur Sourire sort en 1962 la chanson *Dominique*, c'est un véritable succès dans le monde entier. *Dominique* devient la première chanson francophone à se classer numéro 1 des ventes de disques aux Etats-Unis et ceci durant tout le mois de décembre. Un exploit pour une chanson simple et sans prétention, devenue un phénomène mondial avec 3 millions de disques vendus dans le monde.

1963

Aznavour en Amérique
30 mars 1963. Le concert de Charles Aznavour marque la première prestation de l'artiste dans la salle mythique du Carnegie Hall. Alors reconnu en France, Aznavour décide de chanter aux USA, alors dominés par le rock et par d'autres genres assez éloignés de la chanson française. Ce concert lance définitivement la carrière de Charles Aznavour à l'international.

La mort de la môme
10 octobre 1963. Édith Piaf meurt d'une hémorragie interne. Tout le pays est touché. Le corps de la chanteuse repose dans son appartement du Bois de Boulogne. Des milliers de fans s'y rendent. Les rues deviennent noires pendant les funérailles. C'est le seul moment après la Seconde Guerre mondiale où la circulation dans la capitale s'arrête complètement. D'ailleurs, on lui refuse des funérailles catholiques en raison de son mode de vie tapageur. Des scènes hystériques se déroulent au cimetière du Père Lachaise, où Piaf devient la voisine d'Oscar Wilde. La foule renverse les tombes et les fleurs. La police ne peut intervenir et le cortège funéraire officiel doit prendre ses jambes à son cou.

MES 18 PREMIÈRES ANNÉES
TOP 10 — 1963

1. **Brigitte Bardot** *La Madrague*
2. **Alain Barrière** *Elle était si jolie*
3. **Petula Clark** *Coeur blessé*
4. **The Crystals** *Da Doo Ron Ron*
5. **Lesley Gore** *It's My Party*
6. **Trini Lopez** *If I Had a Hammer*
7. **Roy Orbison** *In Dreams*
8. **Sheila** *L'école est finie*
9. **Soeur Sourire** *Dominique*
10. **Sylvie Vartan** *Si je chante*

Nuit et Brouillard
Après quelques succès musicaux dans les années 60, c'est avec son troisième album intitulé *Nuit et Brouillard* que Jean Ferrat marque les esprits. Sorti en décembre 1963, cet album connait vite un immense succès, notamment avec la bouleversante musique *Nuit et Brouillard* dédiée à la mémoire des déportés de la Seconde Guerre mondiale.

RÉPONSE PHOTOS Copyright 2024, TDM Rights BV.
Photos : **A** Keystone-France - Gamma-Keystone - Getty Images - **B** Bernard Cahier - Hulton Archive - Getty Images - **C** Keystone-France - Gamma-Rapho - Getty Images - **D** Keystone-France - Gamma-Rapho - Getty Images - **E** Sean Gallup - Getty Images Europe - **F** Keystone-France - Gamma-Rapho - Getty Images - **G** Authenticated News - Archive Photos - Getty Images - **H** Ullstein bild - **I** Sovfoto - Universal Images Group Editorial - Getty Images - **J** Historical - Corbis Historical - Getty Images - **K** Bettmann - Getty Images - **L** Photo 12 - Universal Images Group Editorial - Getty Images - **M** Photo 12 - UIG Adenauer - Getty Images - **N** Sunset Boulevard - Corbis Historical - Getty Images - **O** INA - Getty Images - **P** Reporters Associes - Gamma-Rapho - Getty Images - **Q** Keystone-France - Gamma-Keystone - Getty Images - **R** Jacques Prayer - Gamma-Rapho - Getty Images - **S** Silver Screen Collection - Moviepix - Getty Images - **T** Reporters Associes - Gamma-Rapho - Getty Images - **U** Fox Photos - Hulton Archive - Getty Images - **V** Mirrorpix - Getty Images - **W** Henri Bureau - Sygma - Getty Images - **X** Poirier - Roger Viollet - Getty Images - **Y** GAB Archive - Redferns - Getty Images.

1964

MES 18 PREMIÈRES ANNÉES

SPORT

7 médailles aux JO d'hiver
19 janvier - 9 février 1964. Les JO d'hiver se déroulent à Innsbruck en Autriche. L'équipe de France remporte 7 médailles. François Bonlieu remporte l'or en slalom géant. Les soeurs Marielle et Christine Goitschel remportent la première et deuxième place en ski alpin en slalom et slalom géant. Léo Lacroix en ski alpin descente et Alain Calmat en patinage artistique gagnent la médaille d'argent.

Monsieur Chrono

14 juillet 1964. Désormais baptisé 'Monsieur Chrono' vu ses performances dans les étapes contre la montre, Jacques Anquetil remporte son cinquième Tour de France. C'est le quatrième d'affilée… mais aussi son dernier. Ce millésime de la Grande Boucle est resté dans les mémoires à cause de son duel avec son compatriote Raymond Poulidor. Un duel particulièrement serré puisque le vainqueur ne compte qu'une minute d'avance sur son rival à l'arrivée à Paris. L'Espagnol Federico Bahamontes monte sur la troisième marche du podium. Avec ses victoires au Tour d'Italie et au Tour d'Espagne, Anquetil est le premier coureur à remporter tous les Tours classiques. Un record qui persiste.

Coupe d'Europe des nations
Pour sa deuxième édition, la Coupe d'Europe des nations de football rassemble 29 équipes contre 17 4 ans plus tôt. Le carré final, du 17 au 21 juin, se déroule en Espagne qui est donc qualifiée d'office. Les Espagnols remportent la compétition face au tenant du titre, l'Union soviétique sur un score de 2-1 dans les derniers instants du match.

Clay vainqueur de Liston

25 février 1964. La nouvelle étoile américaine de la boxe Cassius Clay (qui prendra le nom Muhammad Ali) réalise une percée spectaculaire et défie le champion du monde régnant Sonny Liston. C'est en 7 rounds que le jeune Ali de 22 ans seulement triomphe de son adversaire, après avoir enregistré un album musical tout simplement intitulé *I AM The Greatest*.

---

27 JAN 1964
La France reconnait la République populaire de Chine.

24 FEV 1964
La mort du champion Français de course automobile et aviateur, Maurice Alain Farman.

16-18 MAR 1964
A la veille du printemps, une vague d'air très froid provoque de la neige sur Paris et le Nord de la France.

1964

ACTUALITES

JO d'été au Japon
L'équipe de France remporte 15 médailles. La seule médaille d'or est réservée à Pierre Jonquères d'Oriola pour le saut d'obstacles en équitation. Les médaillés d'argent sont Maryvonne Dupureur (800m), Joseph Gonzales (boxe), Jean-Claude Magnan (escrime, fleuret), Claude Arabo (escrime, sabre), Christine Caron (natation, 100m dos), et les équipes d'aviron, (deux avec barreur ; canoë-kayak 1 000m), d'équitation, (saut d'obstacles). Le bronze est remporté par les équipes d'athlétisme (4x100m), d'escrime (fleuret), Daniel Revenu (escrime, fleuret), et les cyclistes Pierre Trentin (contre la montre), Daniel Morelon (vitesse).

La dissuasion nucléaire
14 janvier 1964. Les Forces Aériennes Stratégiques voient le jour. Elles sont chargées de l'emploi des armes nucléaires au sein de l'armée de l'air française. Elles sont les premières forces de dissuasion nucléaire sur le bombardier Mirage IV.

Le Salon de l'agriculture
9 - 15 mars 1964. Le premier Salon International de l'Agriculture remplace le Concours général agricole. L'agriculture se dote alors d'une véritable vitrine commerciale et s'ouvre un peu plus au grand public. C'est un réel succès avec plus de 300 000 visiteurs !

Pen Duick II
18 juin 1964. Le skipper Eric Tabarly lance son nouveau voilier : le Pen Duick II. Le 18 juin il remporte la Transat anglaise, course transatlantique en solitaire, après 27j 3h et 56 min de navigation. Cette réussite extraordinaire lui vaudra la légion d'honneur et l'ordre du mérite maritime.

10 AVR 1964
Accord entre la France et l'Algérie fixant par trimestre le nombre d'Algériens pouvant entrer en France.

23 MAI 1964
Madeleine Dassault, l'épouse de l'industriel Marcel Dassault, est enlevée et libérée 2 jours plus tard.

16 JUN 1964
La vaccination contre la poliomyélite est obligatoire en France.

1964

Les 800 bougies de Notre-Dame
27 mai 1964. Notre-Dame de Paris célèbre ses 800 ans et le centenaire de sa consécration au travers de nombreuses célébrations liturgiques, cérémonies civiles, expositions et un concert 'son et lumière'.

Un HLM s'effondre
15 janvier 1964. L'extrémité d'un immeuble en construction situé boulevard Lefebvre dans le 15ème arrondissement de Paris s'effondre. Le bilan est de 20 morts et 18 blessés. Cette catastrophe met en lumière des conditions de travail critiquables, et une mauvaise sécurité sur les grands chantiers parisiens.

La RTF devient l'ORTF
27 juin 1964. L'ORTF (Office de Radiodiffusion Télévision Française) remplace officiellement la RTF (Radiodiffusion-Télévision Française). Ce changement a pour objectif la modernisation de ce service public en termes d'information, de culture, d'éducation et de distraction.

Monsieur 98%
7 octobre 1964. Le chimiste le plus célèbre de la 'French Connection', Joseph Césari, alias 'Jo le chimiste' est arrêté en possession de 60kg de morphine et 80kg d'héroïne. Le fabricant d'héroïne surnommé 'Monsieur 98%' est alors condamné à 7 ans de prison ferme pour ses activités.

Vive l'Espagne
Les Français ont découvert l'Espagne, en particulier la Costa Brava. Les séjours y sont très bon marché, les campings y fleurissent. En 1964, 7 millions de Français voyagent vers l'Espagne.

Fripounet et Marisette
Fripounet et Marisette, qui deviendra *Fripounet*, est un hebdomadaire catholique. D'abord destiné aux ruraux puis petit à petit recentré sur les enfants de 6-8 ans, le journal est populaire dans les années 1960.

Le Tour endeuillé
11 juillet 1964. Lors de la 19ème étape reliant Bordeaux à Brive la Gaillarde, un camion-citerne rate son virage et percute les spectateurs venus assister au passage du peloton à Port-de-Couze. Le bilan est de 9 morts et 13 blessés, l'accident le plus mortel du Tour.

2 JUL 1964
Le président américain Lyndon B. Johnson met fin à la la ségrégation raciale aux USA (Civil Rights Act).

12 AOÛ 1964
Décès du romancier britannique Ian Fleming, père de *James Bond*.

6 SEP 1964
Cette semaine, The Animals, Alain Barrière et Claude François dominent le top-40.

1964

Jean Moulin au Panthéon
19 décembre 1964. Lors de la célébration du 20ème anniversaire de la Libération, les cendres du résistant et préfet Jean Moulin sont transférées au Panthéon. Lors de la cérémonie, André Malraux, ministre des affaires culturelles lui rend un vibrant hommage.

Tourisme
2 décisions essentielles vont favoriser le tourisme : il y a d'une part la répartition en 2 zones des académies scolaires afin d'allonger les périodes de vacances scolaires d'hiver et de printemps ; et d'autre part, la mise en place du premier 'Plan neige' avec la création de la Commission Interministérielle d'Aménagement de la Montagne pour créer et aménager des stations de sports d'hiver.

Alf 16
Les gendarmes de la brigade de recherches de Metz sont renforcés par un équipier d'un genre nouveau. Le nouveau collègue n'est autre… qu'un fidèle compagnon à 4 pattes. Son nom ? 'Alf 16' et c'est le premier chien policier de l'unité. Le courageux toutou montre de réelles aptitudes au pistage. Il retrouve des enfants perdus, même s'ils se sont volontairement égarés. Il s'agit d'exercices.

Parti Communiste Français
14 - 17 mai 1964. Le 17ème Congrès du PCF permet la réforme des statuts du parti et l'ouverture vers le socialisme. Cependant, le principal changement réside dans la direction du parti. Maurice Thorez, affaibli par la maladie (voir ci-dessous), secrétaire général historique depuis 1936, cède sa place à Waldeck Rocher. Maurice Thorez décède le 11 juillet.

POLITIQUE

L'environnement en jeu
16 décembre 1964. La loi relative à la répartition des eaux et à la lutte contre leur pollution aboutit à la création des 6 agences de l'eau. Ces dernières doivent assurer l'ensemble des ressources en eau des populations, de l'agriculture et l'industrie.

10 OCT 1964
Les Jeux Olympiques à Tokyo sont les premiers qui ont lieu en Asie.

24 NOV 1964
Au Congo, 865 paracommandos Belges sont envoyés pour libérer des otages, au prix de 24 morts.

11 DÉC 1964
Décès du chanteur Américain 'père spirituel' de la soul, Sam Cooke, connu pour sa chanson *Wonderful World*.

1964

ACTUALITES INTERNATIONALES

La petite souris
C'est l'électricien américain Douglas Engelbart qui crée la première souris numérique. Avec son ami Bill English, ils élaborent d'abord une 'souris' qui ne ressemble en rien à celle que nous connaissons aujourd'hui; ils ont présenté à San Francisco une sorte de petite boîte en bois, équipée de deux cercles métalliques, permettant d'intervenir de façon simpliste sur l'écran de l'ordinateur.

Idealiste jusqu'au bout
12 juin 1964. En Afrique du Sud, le leader noir anti-apartheid Nelson Mandela est condamné à la réclusion perpétuelle. Le motif de la condamnation ? Il a mené une guerre d'opposition contre le régime d'apartheid. Dans son acte de défense, il met en avant l'image d'une société qui devrait vivre dans l'harmonie.

Les droits civiques
10 décembre 1964. Le président américain Johnson réussit à faire passer une loi luttant contre la discrimination et la ségrégation raciale : un véritable jalon dans la lutte contre le racisme. Le « I have a dream » lancé par Martin Luther King Jr. et les manifestations pacifiques contre le racisme aux Etats-Unis ont résonné dans le monde entier. Martin Luther King recevra le Prix Nobel de la Paix le 10 décembre.

Le Père Noël de Coca
Un dessinateur du nom de Haddon Sundblom crée la nouvelle mascotte de Coca-Cola : un Père Noël particulièrement sympathique avec son ventre rebondi, sa barbe imposante et son visage rubicond. Travaillant jusqu'en 1964 pour les publicités de Coca-Cola en période de Noël, Sundblom a réussi à créer cette image mondialement connue.

Perdre la face
14 octobre 1964. Le pouvoir change de main. En Union soviétique Nikita Khrouchtchev est destitué par le politburéau. Les pontes de l'URSS lui reprochent notamment d'avoir perdu la face dans l'affaire de la crise de Cuba. Le bouillant ex-leader est astreint à vivre en résidence surveillée et un personnage plus conservateur est appelé à sa succession : Leonid Brejnev (voir ci-dessus).

On mange quoi ?
Des œufs mimosas pour une entrée très en vogue, des tomates farcies, du gigot d'agneau à Pâques, de la truite aux amandes, de la blanquette de veau, le fameux baba au rhum et évidemment du pain perdu.

1964

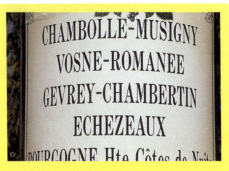

Le Millésime 1964
Une bonne année pour les vins de Bourgogne. Les conditions climatiques sont extrêmement favorables aux raisins qui sont venus à maturité dans les meilleures conditions. La plupart des cuvées présentent une souplesse exceptionnelle, alliée à une belle charpente. Les vins rouges sont puissants et parfumés. Les vins blancs, très réussis, sont souples et élégants.

En cuisine
Dans les années 60 les Français consomment à tout-va. Les cuisines équipées continuent de se perfectionner, les congélateurs apparaissent avec les premiers surgelés… Les sucreries et confiseries (Ovomaltine, Nutella, Crunch…) sont pensées par les industriels. Les rapatriés d'Algérie rapportent avec eux l'emblématique couscous et les Tupperware débarquent en France ! En même temps, toutes ces nouveautés mettent à mal la cuisine artisanale.

Guide Michelin
Le Guide rouge est un guide gastronomique lancé par la société des pneumatiques Michelin. Le guide sélectionne chaque année selon ses critères, les hôtels, les restaurants et les localités proposant le gîte et le couvert. La version française a été vendue à 35 millions d'exemplaires entre 1900 et 2007. Chaque année ses réalisateurs décernent les étoiles Michelin qui récompensent les meilleures enseignes.

DIVERTISSEMENT

Les parapluies de Cherbourg
19 février 1964. Le film de Jacques Demy dont les dialogues sont entièrement chantés sort sur grand écran et remporte le Grand Prix du Festival de Cannes. Catherine Deneuve, alors âgée de 21 ans, qui incarne le rôle principal de Geneviève voit sa carrière décoller à la suite de son interprétation.

Le monokini
L'été 64, le concept du styliste américain Rudi Gernreich, débarque en France. Le monokini, ce maillot de bain formé d'une culotte avec bretelles sans couvrir la poitrine fait couler beaucoup d'encre. Certains jugent le port de cette pièce comme un outrage à la pudeur.

1964

Adamo à gogo
Alors que les Beatles déferlent sur le monde, Salvatore Adamo chante *Vous permettez Monsieur*. Le jeune chanteur Belge d'origine italienne en fait un véritable 'hit'. On connaît la suite : plus de 100 millions d'albums vendus au cours de sa carrière. C'est le chanteur Belge le plus vendu dans le monde.

Le moulin de Claude François
En 1964, Claude François à la recherche d'un lieu paisible pour s'échapper des projecteurs et des cortèges d'admirateurs, découvre un moulin du XIIe siècle, niché au cœur d'un petit village de l'Essonne : Dannemois. Il y abrite sa famille et reçoit ses amis et collègues du show biz. En 14 ans de présence et 9 ans de travaux, le chanteur fait du Moulin « sa maison du bonheur » jusqu'à sa mort le 11 mars 1978.

Un magazine yé-yé
15 octobre 1964. Le magazine *Mademoiselle Age Tendre*, surnommé *M.A.T*, dédié aux jeunes filles, est édité pour la première fois. Les idoles yé-yés (Hardy, Vartan, Sheila, Hallyday…) y présentent les différentes rubriques du magazine : mode, beauté, actualités, horoscope.

Aston Martin et Martini-Vodka
17 septembre 1964. La troisième production de la série James Bond, *Goldfinger* bat tous les records de popularité au cinéma. Un demi-siècle et 22 autres James Bond plus tard, il restera toujours le meilleur de la série aux yeux des critiques. On se souviendra longtemps encore de la célèbre scène au cours de laquelle le 'mauvais' Goldfinger enduit sa secrétaire de peinture dorée provoquant son asphyxie. on se souvient aussi de la première apparition de Bond au volant d'une Aston Martin DB5, équipée d'une série de gadgets techniques.

Le Gendarme de Saint-Tropez
9 septembre 1964. La saga de la célèbre brigade du village varois débute avec la sortie du premier opus. Le film de Jean Girault est un énorme succès, en tête du box-office avec 7,8 millions d'entrées ! Louis de Funès, alias Cruchot, crève l'écran et remporte pour son rôle une victoire du cinéma, lançant définitivement sa carrière !

1964

Tournicoti, Tournicoton
5 octobre 1964. A 19h20, s'installe un rituel avant le coucher. Nombre d'enfants se trouvent devant le téléviseur afin d'assister à la diffusion du 1er épisode (il y en aura 500 au total) du *Manège enchanté*. Ils y découvrent le manège du père Pivoine, de la petite Margote, de Zebulon et de Pollux au pays du bois joli !

Une Véritable Dame
Après le succès de la comédie musicale *My Fair Lady*, une version cinématographique ne tarde pas à attirer les foules. C'est la déjà populaire Audrey Hepburn qui incarne la petite fleuriste londonienne à l'accent cockney transformée en véritable dame par la magie de son professeur de langue, qui lui apprend à parler une langue châtiée. Le film remporte 8 Oscars et la prestation d'Audrey Hepburn est unanimement saluée. C'est la soprano Marni Nixon qui assure les séquences chantées.

Prix Nobel de Littérature
22 octobre 1964. Jean-Paul Sartre refuse le Prix Nobel de Littérature qui lui est attribué. L'écrivain et philosophe expliquera ce refus par le fait d'avoir toujours décliné les distinctions officielles afin de ne pas être « institutionnalisé ».

MUSIQUE

Quatre garçons à Versailles
15 janvier 1964. John, Paul, Georges et Ringo alias les Beatles donnent leur premier concert en France. Celui-ci se déroule au Cyrano de Versailles devant un peu plus de 1 300 fans. Concert pour s'échauffer avant 18 représentations à l'Olympia !

Scènes réelles et animation
Le film musical *Mary Poppins*, des studios Disney, rassemble scènes réelles et séquences d'animation. Dick van Dyke et Julie Andrews y tiennent les rôles principaux. Mary Poppins remportera l'Oscar des meilleurs effets visuels.

1964

Hugues Aufray
21 mars 1964. Hugues Aufray est connu pour ses reprises en français des chansons de Bob Dylan. Parmi ses chansons les plus célèbres, on compte *Santiano*, *Stewball*, *Céline*, *Le Petit Âne gris*, *Hasta Luego* et *Adieu monsieur le professeur*. Le 21 mars, Hugues Aufray représente le Luxembourg au Concours Eurovision et se classe quatrième avec la chanson *Dès que le printemps revient*.

Elle n'a pas l'âge
21 mars 1964. La jeune Italienne Gigliola Cinquetti remporte le Grand Prix Eurovision de la chanson à Copenhague avec sa désormais célébrissime chanson *Non ho l'età (Je n'ai pas l'âge)*.

Amsterdam
16 octobre 1964. Brel interprète une toute nouvelle chanson lors d'un concert à l'Olympia à Paris. Elle deviendra l'une de ses œuvres les plus connues. Brel n'enregistre jamais *Amsterdam* en studio, et pourtant il considère la chanson suffisamment bonne pour être interprétée en bis.

Nancy Holloway
En 1964, la chanteuse américaine de jazz et de rock Nancy Holloway joue son propre rôle dans *Cherchez l'idole* de Michel Boisrond, partageant l'affiche avec Sylvie Vartan, Johnny Hallyday, Charles Aznavour et Eddy Mitchell. Son plus grand succès est *T'en va pas comme ça*, reprise en français de la chanson *Don't Make Me Over* chantée par Dionne Warwick.

VOUS SOUVENEZ-VOUS ?

Porte-savon

Briser sa guitare
Dès leurs débuts en 1964, les Who s'illustrent comme le groupe qui joue le plus fort et qui est l'un des plus excitants sur scène. C'est vers septembre que Pete Townshend brise pour la première fois une guitare sur scène. Il s'agit d'un accident. Cela provoque une certaine excitation et lors d'un prochain concert, la foule veut que Pete brise de nouveau sa guitare. La destruction de guitares deviendra bientôt un rituel sur scène.

Denise Fabre
18 avril 1964. Cette présentatrice devient une star de l'ORTF. En 1975, elle commence à travailler sur TF1 tout en animant des émissions sur France Inter et Europe 1. Ce sont surtout ses monstrueux fous-rire dans *Restez donc avec nous le samedi*, qu'elle coprésente avec le magicien Garcimore, qui restent dans les mémoires.

1964

MES 18 PREMIÈRES ANNÉES
TOP 10 1964

1. **The Animals** *The House of the Rising Sun*
2. **The Beatles** *A Hard Day's Night*
3. **Jacques Brel** *Amsterdam*
4. **Gigliola Cinquetti** *Non ho l'età*
5. **France Gall** *Sacré Charlemagne*
6. **Johnny Hallyday** *Le pénitencier*
7. **The Kinks** *You Really Got Me*
8. **Roy Orbison** *Oh, Pretty Woman*
9. **Sheila** *Vous les copains (…)*
10. **Sylvie Vartan** *La plus belle pour aller danser*

Ode à l'amitié
17 octobre 1964. Sheila, idole des yéyés, sort l'un des tubes de l'année : *Vous les copains je ne vous oublierai jamais* extrait de l'album *Ecoute ce disque*. Le titre sera vendu à 400 000 exemplaires et se classera numéro 1 des ventes durant 6 semaines en cette fin d'année.

Barbara
4 juillet 1964. Barbara chante à L'Ecluse (1959) est le premier enregistrement public de la chanteuse. Un jeune Allemand Hans-Gunther Klein directeur du Junges Theater de Göttingen demande à Barbara si elle aimerait venir chanter en Allemagne. Elle est surprise. Elle est d'origine juive et a dû se cacher pendant la Seconde Guerre mondiale. C'est à contrecœur que la chanteuse accepte l'invitation. La représentation à Göttingen est un immense succès. De retour chez elle, elle écrit le chant de paix *Göttingen*, qu'elle enregistre également en allemand en 1967.

Sacré Charlemagne
Fin 1964, France Gall se plie aux demandes de ses managers en enregistrant un 45 tours destiné aux enfants. Son père lui écrit, sur une musique de Georges Liferman, un titre qu'elle enregistre à regret *Sacré Charlemagne* : « J'en étais malade, je me souviens, je n'aimais pas du tout ça. C'est vous dire à quel point je ne maîtrisais pas la situation ».

Michèle Torr
La chanteuse provençale débute sa carrière en 1964 avec *Dans mes bras oublie ta peine*. Elle interprète des chansons anglo-américaines traduites en français telles que l'adaptation de *Only You (And You Alone)* des Platters, rejoignant rapidement la bande de *Salut les copains* et *Age tendre et tête de bois*.

1965 — MES 18 PREMIÈRES ANNÉES

SPORT

Le cannibale
Le cycliste belge Eddy Merckx n'a que 20 ans quand il commence sa carrière professionnelle. Dans ses meilleures années il gagne presque tout, sauf Paris-Tours. Le 'cannibale' devient une icône mondiale, selon certains le meilleur cycliste de tous les temps, voire même le meilleur sportif tout court. En 1972, il obtient le record de vitesse sur piste au Mexique : 49,431km/h sur une bicyclette de l'époque.

La Coupe de France pour Rennes
23 mai 1965. Après une demi-finale remportée face à l'ogre Saint-Etienne, le Stade rennais se retrouve en finale de Coupe de France face à l'UA Sedan-Torcy. Une finale compliquée où les Rennais sont menés 2-0, mais réussissent l'exploit de revenir au score pour égaliser et rejouer une seconde finale au Parc des Princes. Rennes s'y impose 3-1 et est sacré champion pour la première fois de son histoire.

Nantes Champion de France
30 mai 1965. Saison historique pour José Arribas et ses hommes. Le championnat se joue jusqu'à la dernière journée, où le FC Nantes doit l'emporter face à Monaco pour être sacré. Et c'est devant son public que Nantes parvient à se défaire de son adversaire, et ainsi remporter pour la première fois de son histoire le titre de Champion de France.

Loi antidopage
1er juin 1965. Un texte antidopage connu sous le nom de loi Mazeaud est promulgué. Première loi dans le monde contre les produits dopants, elle constitue une réponse à l'augmentation significative des produits illicites dans le sport de haut niveau.

Gimondi gagne le Tour
14 juillet 1965. Pour cette édition de la Grande Boucle, la France attend la victoire de Raymond Poulidor. Le coureur français est dans la course jusqu'au bout, mais ne peut rien face à la surprise Felice Gimondi. Un jeune coureur italien qui l'emporte finalement pour sa toute première saison cycliste professionnelle.

30 JAN 1965
Plus de 320 000 personnes rendent hommage à l'ancien Premier ministre britannique Winston Churchill lors de ses funérailles.

1 FEV 1965
Inauguration de la base d'aéronautique navale de Landivisiau en Bretagne.

MAR 1965
Présentation de la Renault 16 au Salon de Genève.

1965

Alain Gilles et l'ASVEL
L'ASVEL retrouve les sommets du basket après une période creuse en gagnant la Coupe de France un an après son titre de Champion de France. Ce renouveau, elle le doit à Alain Gilles, qui réalise en 1965 une saison à plus de 16 points par match. Un jeune prometteur qui pose les bases d'une domination de l'ASVEL pendant plusieurs années.

La minijupe
1er mars 1965. Un couturier français du nom d'André Courrèges lance une nouvelle collection. Pour la première fois, les jambes des femmes sont visibles grâce à sa révolutionnaire minijupe. Celle-ci devient rapidement un symbole de liberté pour la cause féminine. La minijupe s'impose comme un essentiel dans la mode et la culture mondiale.

ACTUALITES

Les cheveux longs
Les Beatles les introduisent et les Stones apportent une touche rebelle : les cheveux longs. Les teenagers laissent pousser leurs cheveux. Cette coiffure ne plaît pas à l'école, à l'église, au travail et à l'armée où l'on refuse les jeunes aux cheveux longs « non disciplinés ». Si les cheveux sont trop longs, on vous oblige à les faire couper.

Eboulis de Mahavel
6 mai 1965. Un glissement de terrain massif, faisant suite à l'effondrement de la falaise de Mahavel, survient sur l'île de la Réunion. 33 millions de m3 d'éboulis s'accumulent pour former un énorme barrage naturel. Un événement géologique majeur sans conséquence pour les habitants de l'île, mais modifiant à jamais une partie du paysage de la Réunion.

Tunnel du Mont-Blanc
19 juillet 1965. Inauguré par le président français Charles de Gaulle et son homologue italien Giuseppe Saragat, le tunnel du Mont-Blanc ouvre enfin après 19 ans de travaux. Un tunnel de 11,6km culminant à 1 380m de hauteur, ce qui en fait en 1965 le plus long tunnel routier du monde.

5 AVR 1965
Le film *My Fair Lady* d'après la comédie musicale éponyme remporte 8 Oscars dont celui de meilleur film.

10-13 MAI 1965
Les Rolling Stones enregistrent (*I Can't Get No) Satisfaction*.

27 JUN 1965
Le pilote britannique Jim Clark remporte le GP automobile de France sur une Lotus-Climax.

1965

Un nouveau monde

Les années 60 appartiennent à la légende. Ca bouge dans tous les sens. Vaste champ de tensions et d'investigations, cette période oppose conservatisme et démocratisation, culture dominante et contre-cultures alternatives, conformisme et rêves d'évasion. Ces années sont le plus souvent caractérisées par le boom démographique et économique du XXè siècle, l'émergence de la société de consommation et le début de la conquête spatiale. Elles sont aussi le théâtre de profonds conflits idéologiques : la Guerre froide, les guerres de décolonisation, les mouvements des droits civiques et ceux de la libération sexuelle.

VOUS SOUVENEZ-VOUS ?

Cigarettes en chocolat

La robe Mondrian
6 août 1965. C'est au tour d'Yves Saint Laurent de révolutionner le monde de la mode féminine, avec la sortie de la robe Mondrian. Présentée pour la collection automne-hiver, la robe, inspirée du peintre abstrait néerlandais Piet Mondrian, propose un design unique avec une construction géométrique colorée. Elle fait sensation et remporte un succès immédiat par son originalité et sa simplicité, devenant ainsi une référence dans le monde de la mode.

Trois Prix Nobel français
Octobre 1965. Après un travail révolutionnaire pour la science avec des découvertes importantes sur les enzymes et les virus, Jacques Monod, François Jacob et André Lwyoff reçoivent le prix Nobel de physiologie ou de médecine. C'est la récompense ultime pour ces scientifiques dont les travaux ont permis de développer nos connaissances en biotechnologie, et la compréhension de certains êtres vivants.

28 JUL 1965
Les Américains augmentent leurs troupes au Viêt Nam du Sud de 75 000 à 184 000 personnes.

27 AOÛ 1965
Décès de l'architecte et urbaniste français d'origine suisse, Le Corbusier.

9 SEP 1965
Charles de Gaulle annonce le retrait français de l'OTAN au plus tard en 1969.

1965

POLITIQUE

Un sous-marin dans le filet de pêche !
10 février 1965. Un sous-marin se prend dans les filets d'un bateau de pêche au large de l'île d'Oléron. Alors que le navire chalute à 500 mètres de fond, il s'immobilise brusquement. Heureusement, les câbles finissent par céder, libérant ainsi le chalutier. Le sous-marin file et abandonne le train de pêche.

Emancipation financière des femmes
13 juillet 1965. La loi accroît les droits des femmes au sein du couple : partage équitable des biens en cas de séparation, possibilité de travailler et d'ouvrir un compte bancaire sans l'autorisation de leur mari.

Le premier satellite français
26 novembre 1965. Une date importante pour l'histoire du programme spatial français. C'est ce jour-là que le satellite Asterix est lancé par la fusée Diamant-A depuis le centre interarmées en Algérie. La France devient alors le sixième pays à posséder un satellite en orbite, et le troisième à le faire d'une façon autonome.

De Gaulle et *Le Canard enchaîné*
5 décembre 1965. Lors de l'élection présidentielle de 1965, le Général de Gaulle, convaincu d'être réélu dès le premier tour, ne fait pratiquement pas campagne. Or, le 5 décembre, le premier tour le met en ballotage face à François Mitterrand et un second tour va être nécessaire pour départager les deux hommes. *Le Canard enchaîné* titre alors : « De l'appel du 18 juin... à la pelle du 5 décembre ».

19 OCT 1965
Jean Lecanuet (MRP) se déclare candidat à l'élection présidentielle au nom « du centre, démocrate, social et européen ».

14-18 NOV 1965
La bataille de la Drang oppose les forces américaines à celles du Viêt Cong au Viêt Nam.

13 DÉC 1965
On découvre les cadavres des 3 membres de la famille Perreux, un garagiste mulhousien.

1965

De Gaulle réélu
19 décembre 1965. 2 hommes s'opposent au second tour de l'élection présidentielle : le président sortant Charles de Gaulle et François Mitterrand. Le 19 décembre, le second tour donne le 'grand Charles' vainqueur par 55% des suffrages.

ACTUALITES INTERNATIONALES

Vatican II
8 décembre 1965. Le Pape Paul VI tire les conclusions du deuxième concile du Vatican. Les messes pourront dorénavant se célébrer dans la langue des pratiquants et plus nécessairement en latin. Et le concile fait preuve d'ouverture envers les autres religions et convictions chrétiennes. Les cardinaux se prononcent également contre la course à l'armement atomique.

Sir Winston casse son cigare
24 janvier 1965. Au vénérable âge de 90 ans, Sir Winston Churchill décède des suites d'un accident vasculaire cérébral. Il restera dans l'histoire comme le Premier ministre ayant dirigé, cigare au bec, la Grande-Bretagne durant la Seconde Guerre mondiale. Son rôle sera décisif dans les événements menant à la libération de l'Europe.

Première sortie dans l'espace
Un cosmonaute soviétique, un certain Alexeï Leonov devient le premier piéton de l'espace en se baladant, non sans mal, pendant 12 minutes le long de son vaisseau spatial *Vostok 2*. Il en gardera un souvenir impérissable, ne pouvant à peine y croire. Il n'arrive toutefois pas à photographier son escapade. Son retour dans l'engin sera difficile car, gêné par sa combinaison spatiale qui s'est considérablement gonflée, il rentre dans l'engin la tête la première contrairement au programme prévu. Il réussit à se retourner pour reprendre sa place sur son siège et fermer hermétiquement le hublot de la capsule. Le voyage se terminera bien.

Les Communautés Européennes
8 avril 1965. Les représentants de la Communauté Européenne du Charbon et de l'Acier (CECA), de la Communauté Economique Européenne (CEE) et de la Communauté Européenne pour l'Energie Atomique (Euratom) signent un traité qui les réunit sous le nom de Communautés Européennes. Du même coup, ils créent une Commission Européenne, un Conseil des ministres et un budget. C'est évidemment un premier pas vers la future Union Européenne.

Le son compressé
Un Britannique, Ray Dolby, développe un système permettant de réduire le bruit de fond des enregistrements par un effet de compression et de décompression, et c'est au cours de cette deuxième phase que les bruits sont atténués. L'homme vend ensuite son invention à différentes maisons de disques et le Dolby entre dans le domaine public en 1968.

1965

DIVERTISSEMENT

Le Corniaud
Réalisé par Gérard Oury, *Le Corniaud* met en scène un honnête professeur de musique (Bourvil) mêlé à un trafic de drogue piloté par un escroc (Louis de Funès). Une comédie qui connaît vite un immense succès, devenant le film le plus populaire en France en 1965. Un film culte, par son humour burlesque et hilarant, avec des répliques et expressions devenues cultes.

La fin de Laurel et Hardy
23 février 1965. Le monde apprend la mort de Stan Laurel, second représentant de l'iconique duo Laurel et Hardy. Après une carrière de près 25 ans, et plus de 100 films ensemble, ils ont été parmi les rares comédiens à acquérir une immense notoriété dans le monde du cinéma muet, et à rester en haut de l'affiche après l'arrivée du cinéma parlant.

Pierrot le Fou
Film franco-Italien écrit par Jean-Luc Godard, *Pierrot le Fou* est une comédie dramatique mettant en scène un bourgeois malheureux (Jean-Paul Belmondo) qui fuit son mode de vie pour entamer un road trip entre Paris et la mer Méditerranée, en compagnie d'une jeune femme (Anna Karina) et avec une bande de tueurs à gages à leurs trousses.

Mireille Mathieu
21 novembre 1965. La France découvre Mireille Mathieu pour sa première à la télévision, dans l'émission *Le Jeu de la Chance* diffusée sur l'ORTF. Présentée par Roger Lanzac, son objectif est de mettre en avant de nouveaux talents jugés à l'applaudimètre. Alors âgée de 19 ans, Mireille Mathieu interprète *Jezebel* d'Edith Piaf. Une prestation marquante qui subjugue le public et marque le début d'une longue carrière pour la chanteuse.

Aspirateur

1965

Le gendarme à New York
29 octobre 1965. Après l'énorme succès du Gendarme à Saint-Tropez, le deuxième opus de la série, toujours réalisé par Jean Girault, se déroule cette fois à New York. L'histoire suit la gendarmerie de Saint-Tropez qui est envoyée à New York pour un congrès international de gendarmerie.

La mélodie du bonheur
Le film musical américain, The Sound of Music, réalisé par Robert Wise est adapté de la comédie musicale éponyme de Rodgers et Hammerstein. Julie Andrews joue le rôle de la gouvernante Maria dans la famille du sévère capitaine Georg Ritter Von Trapp (Christopher Plummer). Au début les sept enfants Von Trapp n'aiment pas Maria mais elle les séduit avec des chansons telles que My Favourite Things, Do-Re-Mi, Sixteen going on seventeen, So long, farewell, Edelweiss, et Climb ev'ry mountain. Le film est devenu un classique. En 1966, il remporte cinq Oscars dont ceux du meilleur film, meilleur réalisateur et meilleure adaptation musicale.

Achille Talon
Imaginé et écrit par Greg en 1963, le premier album d'Achille Talon intitulé Les Idées d'Achille Talon, cerveau-choc ! sort en 1965. Achille est un antihéros grincheux, râleur et misanthrope, que l'on suit à travers ses aventures, explorant les tenants et les aboutissants de la société française. Une BD satirique et humoristique avec des dialogues subtils et recherchés, s'imposant rapidement comme un pilier du genre.

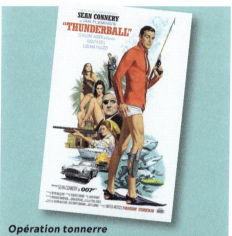

Opération tonnerre
17 décembre 1965. Sortie en France du quatrième opus de la série James Bond Opération tonnerre, réalisé par Terence Young. L'agent secret, interprété par Sean Connery, se retrouve en mission pour tenter de récupérer deux bombes atomiques dérobées par le SPECTRE. Icône d'une génération, ce film est considéré comme l'un des meilleurs James Bond, salué par la critique et par les fans.

Le fantôme du Louvre
6-26 mars 1965. Les téléspectateurs découvrent sur l'ORTF Belphégor ou le fantôme du Louvre, un mini feuilleton en quatre épisodes aux allures de thriller fantastique. La série connaît un immense succès avec 10 millions de téléspectateurs, soit presque la moitié des Français possédant une télévision à l'époque !

1965

Dune
C'est en 1965 que sort le premier roman du cycle *Dune*, écrit par Frank Herbert. Il raconte l'histoire de plusieurs maisons qui s'affrontent pour le contrôle d'une planète, afin d'y récupérer ses précieuses ressources. Un roman de science-fiction rapidement récompensé par plusieurs prix et qui devient le livre de SF le plus vendu au monde.

Michel Simon, le retour
29 novembre 1965. C'est le grand retour sur les planches de Michel Simon, que les Français n'ont pas vu depuis des années. Il apparait dans la pièce de Obaldia *Du vent dans les branches de sassafras*. Trois souffleurs ont été prévu. Quand il ne sait plus le texte, il prend son révolver et tire en l'air ! Mais son énorme présence supplée au rétrécissement du texte. Dès la première, le 29 novembre au théâtre Gramont, c'est un triomphe.

MUSIQUE

Je vous parle d'un temps...
Charles Aznavour connaît un nouveau succès mondial avec son titre *La Bohème*. L'artiste y raconte les souvenirs nostalgiques de la vie de bohème d'un jeune artiste peintre du quartier parisien de Montmartre. Cette chanson est prévue à l'origine pour être chantée par Georges Guétary dans l'opérette *Monsieur Carnaval* de Charles Aznavour, avec un livret de Frédéric Dard.

Jeux sans frontières
Un jeu télévisé créé en 1965 par Guy Lux et Claude Savarit, diffusé par les chaînes de 20 pays européens dont la télévision publique française. Il est conçu à l'initiative du président Charles de Gaulle comme un *Intervilles* à l'échelle de l'Europe. Claude Savarit, son présentateur, fait savoir au Général qu'à son avis des jeux pacifiques opposant des représentants des 2 nations seraient une bonne chose pour la réconciliation franco-allemande.

Aline et Christophe
Aline est une chanson écrite, composée et interprétée par Christophe. Elle connaît un important succès, devient le slow de l'été, se classant en tête des ventes en France. Selon Christophe, la chanson est née lors d'un déjeuner chez sa grand-mère. Il l'a composée sur sa guitare en un quart d'heure. Le prénom Aline comme titre n'est pas venu immédiatement. Dans une interview donnée au magazine *Lui*, l'auteur précise qu'il s'agissait d'Aline Natanovitch, assistante dentaire boulevard du Montparnasse à Paris. Une dent cariée, ce qui a amené Christophe à crier *Aline*. Vrai ou faux ?

1965

J'aime les sucettes
20 mars 1965. France Gall remporte le Concours de l'Eurovision à Naples avec la chanson *Poupée de cire, poupée de son*. Elle a 17 ans et représente le Luxembourg. La chanson a été écrite par Serge Gainsbourg. Ce duo gagnant s'arrête brutalement un an plus tard avec *Les sucettes*, une chanson à double sens. France Gall pense qu'il s'agit d'une jeune fille qui aime les sucettes. Mais Gainsbourg révèle qu'il s'agit de sexe oral. Gall se sent manipulée. La collaboration s'arrête là.

Johnny et Sylvie
12 avril 1965. Johnny Hallyday (22 ans) et Sylvie Vartan (20 ans) se marient à Loconville, devenant ainsi officiellement le couple le plus populaire du moment. Johnny effectue son service militaire dans la marine mais obtient une permission spéciale. Les deux jeunes gens ont été présentés quatre ans plus tôt à l'Olympia par Eddie Vartan, frère de Sylvie et chef d'orchestre. Leur mariage durera 15 ans. Hallyday se remariera encore 4 fois. Vartan, elle, se remariera avec le producteur américain Tony Scotti en 1984.

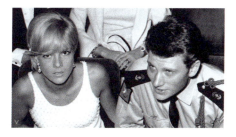

La montagne, ça vous gagne !
Nous sommes en 1965 lorsque Jean Ferrat sort *La montagne* chez Barclay. Depuis son premier succès avec *Ma Môme*, l'artiste enchaîne les galas et les tours de chant. Dans le tumulte d'une carrière débutante, l'artiste a besoin de repos. Un ami lui propose de venir se reposer en Ardèche. C'est un véritable coup de foudre entre le village d'Antraigues et Jean Ferrat. Pourtant, derrière la beauté des paysages décrits dans *La montagne*, Jean Ferrat souhaite avant tout écrire une chanson 'politique'. En effet, l'artiste décrit un phénomène tristement répandu dans les années 60 : l'exode rural.

Capri, c'est fini
Hervé Vilard veut écrire ses propres chansons. Il est intrigué par la chanson *C'est fini* (1964) de Charles Aznavour, dans laquelle le chanteur répète inlassablement la phrase « c'est fini ». Au début, il ne sait pas trop quelle direction prendre. Jusqu'à ce qu'il voie une affiche dans le métro avec la légende « Partez en vacances à Capri ». Bingo ! En sept minutes, il trouve les paroles et la mélodie de *Capri, c'est fini* le tube de l'été 1965.

1965

Like a Rolling Stone
20 juillet 1965. Bob Dylan abandonne son image de chanteur 'folk' pour devenir ambassadeur du mouvement des droits civiques. Il envisage même d'arrêter la musique. Quand il reprend sa carrière, il se lance dans le rock et ses textes sont moins politiques. Le résultat ? La chanson *Like a Rolling Stone* sur l'album *Highway 61 Revisited*. Dylan évoque la vie d'une idole qui quitte la haute société pour la vie de la rue et qui tombe dans la pauvreté et la solitude. Une chanson sombre, poétique et dramatique qui devient l'hymne d'une génération désabusée.

MES 18 PREMIÈRES ANNÉES
TOP 10 — 1965

1. **Charles Aznavour** *La bohème*
2. **The Beatles** *Yesterday*
3. **Christophe** *Aline*
4. **Petula Clark** *Downtown*
5. **Jean Ferrat** *La montagne*
6. **France Gall** *Poupée de cire, poupée de son*
7. **Hervé Vilard** *Capri c'est fini*
8. **The Rolling Stones** *(I Can't Get No) Satisfaction*
9. **Sonny & Cher** *I Got You Babe*
10. **The Who** *My Generation*

Bip Bip
Le troisième EP de Joe Dassin, *Bip bip*, devient son premier succès d'estime. C'est l'adaptation d'un titre chanté en portugais par le Brésilien Roberto Carlos, *O Calhambeque*. Pour la première fois Joe Dassin fait son apparition dans les hit-parades. Au total, il vendra près de 25 millions de disques dans le monde.

Soul Brother
Le chanteur américain James Brown rencontre un vif succès avec sa chanson *Papa's Got a Brand New Bag*. Un an plus tard le Godfather of Soul surprend avec le tube *It's a Man's, Man's, Man's World* et *Get Up (I Feel Like Being a) Sex Machine*, qui le rend immortel en 1970.

Folk français
En France, c'est le producteur Lionel Rocheman qui, en 1964, est le créateur et animateur pendant près de 12 ans de cette expérience singulière dans le domaine de la chanson, le *Hootenanny*, qui permet à tous les artistes amateurs de se produire le soir même à l'American Center. Des noms d'artistes à retenir : Alan Stivell, Claude Lemesle, Hervé Christiani, Julos Beaucarne ou encore Pierre Dac qui lancent le mouvement folk en France.

1966 — MES 18 PREMIÈRES ANNÉES

SPORT

La déesse de Monte-Carlo
14 janvier 1966. Victoire insolite d'une DS21 Citroën au Rallye de Monte-Carlo, une voiture de Monsieur tout le monde qui gagne un rallye, étonnant non ?

Maître de jeu au Mans
19 juin 1966. C'est la révolution en 1966, Ford avec sa toute nouvelle Ford GT40 rafle les 3 premières places aux 24 heures du Mans après six années de règne de Ferrari. Le film *Le Mans 66* sorti en 2019 relate magnifiquement cette passe d'armes.

Double virage dans le Tour !
14 juillet 1966. En effet, c'est le premier Tour de France avec des contrôles antidopage. C'est aussi l'abandon de Jacques Anquetil, vainqueur de 5 Tour de France, malgré 3 beaux succès en classique cette année-là : Paris-Nice, Grand Prix des Nations et Liège-Bastogne-Liège. Lucien Aimar gagne le Tour, Raymond Poulidor finit troisième.

Ski de France
5-14 août 1966. Championnat du monde de ski alpin au Chili, la France explose son compteur de médailles : 16 au total sur 24 possible, dont 7 en or, un exploit jamais égalé ! Avec ces 7 titres sur 8, la France est sur le toit du monde : Jean-Claude Killy (2), Guy Perillat (2), Léo Lacroix (2), Georges Mauduit (1), Louis Jauffret (1), Marielle Goitschel (4), Annie Famose (3), Florence Steurer (1).

---

29 JAN 1966
Le 'Compromis de Luxembourg' réintroduit le vote à l'unanimité dans les instances européennes.

1 FEV 1966
Le décès de Buster Keaton, acteur, scénariste, réalisateur et symbole du film muet.

12 MAR 1966
François Mitterrand propose la création d'un contre-gouvernement en France afin de surveiller le gouvernement.

1966

Coupe du monde à l'anglaise
30 juillet 1966. Le ballon frappé par Hurst touche le dessous de la barre transversale puis retombe « plus ou moins » sur la ligne, ou derrière ? L'arbitre valide le but et l'Angleterre s'impose finalement 4-2 face à l'Allemagne de l'Ouest. Anecdote : le trophée de la coupe du monde 'Jules-Rimet' est volée quelques mois avant le début de la compétition, mais un petit chien du nom de 'Pickles' déterre et retrouve le précieux trophée ! Il convient de noter en outre la présence pour la première fois d'une mascotte : 'Le Lion Willy'.

Le plus grand
Année difficile pour Muhamed Ali : son premier mariage bat de l'aile et il doit monter à 5 reprises sur le ring pour défendre son titre mondial... avec succès : le Canadien George Chuvalo en fera les frais, tout comme les Européens Henry Cooper, Brian London et Karl Mildenberger. Il est au sommet de sa gloire et en profite encore. Il rentre en Amérique pour battre Cleveland Williams. Les choses se compliqueront ensuite lorsqu'il refusera de rejoindre l'armée. Affaire à suivre...

Wimbledon
Billie Jean King remporte son premier tournoi de tennis de Wimbledon. Elle gagnera ensuite les simples en 1967, 1968, 1972, 1973 en 1975 et remportera encore 14 victoires en double ou double mixte.

ACTUALITES

Crash au Mont Blanc
24 janvier 1966. Erreur de pilotage ou collision du Boeing 707 avec un avion militaire italien ? Un accident similaire a eu lieu au même endroit en 1950.

12 AVR 1966
Les B-52 américains commencent à bombarder le Viêt Nam du Nord.

28 MAI 1966
Fidel Castro proclame la loi martiale à Cuba pour prévenir une éventuelle attaque des Etats-Unis.

JUN 1966
La France se retire officiellement de l'OTAN.

1966

Explosion à Feyzin
4 janvier 1966. On considère l'accident dans la raffinerie comme la première catastrophe industrielle moderne. Le bilan est lourd avec 18 morts dont 11 pompiers et 84 blessés. C'est la conséquence d'un enchaînement de défaillance. Le plan ORSEC est déclenché pour protéger les populations.

Bal des Quat'z'Arts
14 juin 1966. Cette fête parisienne qui existait depuis 1892 s'arrête. Elle était organisée par les étudiants de l'Ecole nationale des beaux-arts. A travers des déguisements, parfois des débordements un peu 'chauds', c'était une procession carnavalesque.

Essais nucléaires à Mururoa
2 juillet 1966. Après le Sahara, c'est la Polynésie française qui devient le terrain des essais nucléaires français. Au total, 197 essais nucléaires (terrestres, maritimes) y auront lieu jusqu'au 29 janvier 1996.

Accord franco-russe
30 juin 1966. Après le voyage de dix jours de Charles de Gaulle, la France et l'Union Soviétique s'accordent sur une politique de détente, d'entente et de coopération, particulièrement sur le plan scientifique et sur l'espace. Une commission est constituée à cet effet : la 'Grande Commission'.

'Hot' couture
Le couturier Yves Saint Laurent donne le ton, tant dans le monde de la haute couture que dans la rue. Après sa jupe trapèze, c'est à présent la jupe Mondriaen et le 'smoking pour dames' qui font fureur; ils seront suivis par la jupe-pantalon en 1967. Autres symboles de ces années-là : le panty et le maillot. Les femmes portent haut leurs cheveux, utilisent volontiers la laque et se parent parfois des perruques. Les robes raccourcissent et se collent de plus en plus au corps.

Gauloises

14 JUL 1966
Brigitte Bardot se marie pour la troisième fois, avec Gunter Sachs. Elle se mariera une quatrième fois en 1992 avec Bernard d'Ormale.

29 AOÛ 1966
Les Beatles décident d'arrêter les concerts publics et en plein air à San Francisco après une tournée épuisante.

24 SEP 1966
Le guitariste américain Jimi Hendrix arrive à Londres, le début d'une carrière internationale fulgurante.

1966

POLITIQUE

Le tour du monde du Général
25 août- 12 septembre 1966. Vaste programme pour ce voyage de De Gaulle. On retiendra un début difficile avec la demande d'indépendance de Djibouti puis surtout le discours du 1er septembre devant 100 000 personnes à Phnom Penh, capitale du Cambodge, pour dénoncer l'attitude américaine au Viêt-Nam. Enfin le voyage se termine le 11 septembre par une démonstration d'explosion atomique en Polynésie française.

'Kennedy français'
2 février 1966. Jean Lecanuet, surnommé le 'Kennedy français', crée le Centre Démocrate. Il cumulera de nombreux postes politiques par la suite, mais c'est aux commandes de la mairie de Rouen qu'il se fera connaître par des innovations urbaines en avance sur son temps.

ACTUALITES INTERNATIONALES

Cavalier seul
7 mars 1966. Le Général de Gaulle, président de la République, informe son homologue américain que la France se retire de l'OTAN, pour disposer de sa souveraineté. En conséquence, il demande le départ des forces américaines et canadiennes du sol français.

Le monde rétrécit
A l'heure où les échanges internationaux se renforcent, les communications téléphoniques deviennent de meilleure qualité, les voyages en avion accessibles à un public plus nombreux. Le monde rétrécit. Pas étonnant dès lors que les événements agitant l'Asie parviennent jusqu'aux oreilles du monde occidental. C'est le moment où la guerre du Viêt Nam s'intensifie et où la Révolution culturelle de Mao Zedong fait des millions de morts en Chine.

17 OCT 1966
Décès de Jean-Pierre Peugeot, président de la société d'automobiles Peugeot.

26 NOV 1966
Inauguration de l'usine marémotrice de la Rance, qui tire son énergie de la force de la marée.

8 DÉC 1966
17 millions de spectateurs regardent *La Grande Vadrouille*, une comédie sur l'Occupation avec Louis De Funès et Bourvil

1966

Empereur Bokassa
1er janvier 1966. Le colonel Jean-Bedel Bokassa se livre à un coup d'état en République Centrafricaine et se proclame président. La corruption s'installe, Bokassa élimine ses opposants et c'est une oligarchie qui gravite désormais autour du président qui cherche à s'enrichir. Poursuivant sur sa lancée, le président se fait proclamer Empereur Bokassa Ier. Pendant son règne, il est à l'origine de l'affaire des 'diamants de Bokassa', offerts à Valery Gicard d'Estaing, alors ministre des Finances français.

VOUS SOUVENEZ-VOUS ?

Service à fondue

Interdire les 'livres interdits'
Le pape Paul VI supprime l'index, une liste de livres 'interdits' à la lecture aux catholiques par Rome. Cet index, qui date du XVIe siècle, a longtemps joué un rôle important. Au moment de sa suppression, l'index contient plus de 6 000 titres.

Révolution culturelle
16 mai 1966. Pour renforcer le pouvoir, Mao Zedong s'appuie sur la jeunesse. Dès lors, écoliers, étudiants et Gardes Rouges sont chargé de « purifier » le pays en bannissant toute forme de bourgeoisie.

Les Swinging Sixties
Londres devient le 'Swinging London' et Carnaby Street un centre mondial de la mode. Le mannequin Twiggy et sa mini-jupe sont bientôt élevés au rang d'icône. Le court fait d'ailleurs fureur, à l'instar de cette mini-jupe. Une création détonne, oeuvre de la styliste britannique Mary Quant, qui décide de raccourcir les jupes au-dessus des genoux. Cette nouveauté vestimentaire offre plus de mobilité aux femmes, libérées des lourdeurs des jupes longues, et met davantage leurs jambes en valeur.

1966

DIVERTISSEMENT

L'Age heureux
12 février 1966. Tiré du roman *Côté jardin, Mémoires d'un rat*, cette série en noir et blanc raconte le parcours de Delphine (Delphine Desyeux), 12 ans, petits rats à l'Opéra de Paris, avec ce que cela engendre de fierté mais aussi de souffrance et de rivalité entre certaines jeunes filles.

Pour une poignée de dollars
16 mars 1966. C'est le western 'spaghetti' dans toute sa splendeur, réalisé par Sergio Leone, avec la musique d'Ennio Morricone. C'est l'apparition de l'impassible Clint Eastwood en défenseur des opprimés, du bien et préférant par-dessus tout, la justice. Dans le même esprit, le film a une suite avec *Et pour quelques dollars de plus*, reprend Clint Eastwood, Lee Van Cleef et Gian Maria Volonté.

Un homme et une femme
20 mai 1966. Le film *Un homme et une femme* réalisé par Claude Lelouch avec Anouk Aimée et Jean-Louis-Trintignant remporte la palme d'or. Tout le monde se souvient de la musique de Francis Lai, de la Mustang blanche et des deux acteurs s'enlaçant et tournoyant sur la plage.

Au théâtre ce soir
9 juillet 1966. C'est la première diffusion d'une émission qui deviendra culte : *Au théâtre ce soir*. Le principe, une pièce de théâtre enregistrée dans un théâtre parisien pour la télévision, avec à la fin les acteurs et les décors de Roger Harth et les costumes de Donald Cardwell.

Daktari
Cette série télévisée à succès a pour cadre l'Afrique de l'Est. Elle met en scène le vétérinaire, le Dr. Marsh Tracy, sa fille Paula et son équipe, qui évoluent au sein du parc naturel Wameru Study Center, dédié au bien-être animal. Daktari signifie Docteur en Swahili. La série fait suite à la sortie du film *Clarence, le lion qui louchait*.

1966

Ma sorcière bien-aimée
17 juillet 1966. Série américaine au générique pétillant, qui a fait les beaux jours de la télévision française, avec Samantha, Jean-Pierre, le mari et le gendre un peu niais, leur fille Tabatha, et la belle-mère virulente Endora. Toutes ces femmes sont 'sorcières' et seul le pauvre Jean-Pierre ne l'est pas !

Alfa Romeo Spider
Un roadster italien iconique, fabriqué jusqu'en 1993. Le design de la voiture est vraiment réussi, preuve à l'appui avec cette longévité et environ 125 000 exemplaires fabriqués ! Le célèbre carrossier Pininfarina est passé par là, bien sûr.

Kiri le clown
13 octobre 1966. Cette série d'animation française revêt un caractère poétique et nostalgique avec ses décors en papier et carton, et avec la voix particulière de Guy Piérauld. Une déambulation pittoresque dans le milieu du cirque.

Les Globe-Trotters
16 octobre 1966. C'est l'aventure de deux journalistes qui parcourent le monde avec leurs seules économies : Pierre le Français joué par Yves Rénier et Bob l'Américain, joué par Edward Meeks.

Flipper le dauphin
13 novembre 1966. Série jeunesse avec comme héros, Flipper, un dauphin qui résout des problèmes sous la houlette du papa Porter Ricks, responsable d'un parc aquatique et de ses fils Sandy et Bud.

Le docteur Jivago
7 décembre 1966. Le film tiré de l'œuvre de Boris Pasternak, réalisé par David Lean réunit Omar Sharif (le docteur Yuri Jivago), Julie Christie (Lara), Géraldine Chaplin et Alec Guinness. C'est l'histoire d'une romance avec un poète russe déjà marié qui tombe amoureux de la femme d'un activiste avec en toile de fond la révolution russe. Les décors et la musique de Maurice Jarre apportent un air de mélancolie très slave.

En vadrouille
8 décembre 1966. Réalisé par Gérard Oury, avec Bourvil et Louis de Funès, le film *La Grande Vadrouille* va réaliser un carton de 1966 à 1975 ! Ce film va rester pendant plus de 30 ans, le film le plus vu au cinéma avec plus de 17 millions de spectateurs. Il faudra attendre 40 ans pour qu'un film français le dépasse, *Bienvenue chez les Ch'tis* en 2008.

1966

Le Grand Restaurant
7 septembre 1966. C'est la grande époque Louis de Funès ! Le film est à revoir pour quelques scènes d'anthologie avec Louis de Funès en Monsieur Septime, patron autoritaire et scrupuleux d'un restaurant prestigieux. La séquence où il explique une recette à des clients allemands avec une ombre lui faisant une moustache façon Hitler est vraiment excellente.

Le père du dessin animé
15 décembre 1966. Personne n'a probablement autant influencé le dessin animé que Walt Disney. Soutenu par son entreprise The Walt Disney Company, il a rendu mondialement célèbres Mickey Mouse et Donald Duck... parmi d'autres et réalisé des dizaines de productions restées dans toutes les mémoires. On peut citer *Blanche Neige*, *Pinocchio*, *Dumbo*, *Bambi*, *Cendrillon* ou encore *Mary Poppins* et les *101 Dalmatiens*. Tout cela donnera naissance à des parcs d'attraction en Californie, en Floride et ailleurs dans le monde. Walt Disney décède le 15 décembre d'un cancer pendant les prises de vues du *Livre de la Jungle*.

 ## MUSIQUE

Antoine
Le jeune chanteur hippie Antoine connaît un immense succès avec son premier single *Les élucubrations d'Antoine*. Il y chante que Johnny Hallyday est un homme du passé qui devrait être enfermé dans une cage au cirque. Hallyday lui répond avec *Cheveux longs et idées courtes*, dans lequel il s'en prend ouvertement à Antoine et à ses amis hippies. Il reprend la mélodie et l'atmosphère de *My crucified Jesus*, une chanson de Ferre Grignard, un chanteur hippie belge.

Les jolies colonies de vacances
La chanson écrite et interprétée par Pierre Perret crée un mini-séisme avec ses paroles qui déplaisent à Madame Yvonne de Gaulle, la femme du président de la République. Il s'en suivra une censure de 6 mois à la télévision et un appel de celle-ci pour tenter d'arrêter sa diffusion sur France-Inter.

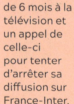

1966

David Hallyday
14 août 1966. A Boulogne-Billancourt, naît David Smet. Il est le premier enfant du couple royal de la variété française : Jean-Philippe Smet (alias Johnny Hallyday) et Sylvie Vartan. L'heureux papa est sur scène à Milan au moment de la naissance. Il monte et descend rapidement à Paris un jour plus tard, car il est attendu au Lido de Venise le 14 août au soir. Carlo, un ami de la maison, veille sur Vartan et cela est nécessaire. En effet, l'heureux événement déclenche une course aux paparazzis. Tout le monde veut la première photo du nouveau-né. Certains reporters se donnent beaucoup de mal pour y parvenir. Ils se déguisent en médecins ou tentent de se glisser dans l'hôpital par une fenêtre.

Les adieux de Brel
6 octobre 1966. Bien qu'il soit belge, Jacques Brel fait partie intégrante de la culture française. Lorsqu'il annonce en 1966 son retrait de la scène, sa popularité est telle qu'un seul spectacle d'adieu ne suffit pas. Pendant plus de 8 mois, il parcourt les régions francophones. Il commence par un mois à l'Olympia à Paris. Les concerts des 28 et 29 octobre sont filmés et publiés plus tard sous le titre *Les adieux à l'Olympia*. Suivent un seul concert à Bruxelles et une tournée au Maroc. En 1967, Brel effectue une tournée d'un mois au Québec, suivie d'un véritable concert d'adieu à Roubaix.

Nino Ferrer
Le chanteur, compositeur et musicien français connaît un beau succès à partir de 1966 et avec ses chansons originales et un style unique, mêlant le rock, le jazz, le blues et la musique latine. Parmi ces chansons les plus célèbres : *Mirza, Le Téléfon, Oh ! Hé ! Hein ! Bon !, Les cornichons*. Plus poétique : *La maison près de la fontaine* et bien sûr, *Le sud*.

Photo du siècle
12 avril 1966. Sur la photo prise par Jean-Marie Périer, le fils caché d'Henri Salvador, on trouve 46 chanteurs et chanteuses qui vont quasiment tous devenir des vedettes dans les années suivantes et pour de longues années pour certains.

Fin des concerts des Beatles
29 août 1966. Les Beatles décident d'arrêter les concerts publics et en plein air le 29 août à San Francisco après une tournée épuisante, dangereuse, lancées de pétards contre eux, etc. ...

1966

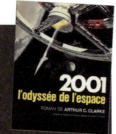

Jones devient Bowie
Le jeune chanteur anglais David Jones (19 ans) choisit le nom d'artiste David Bowie parce que le chanteur des Monkees a le même nom que lui. En 1969 la chanson *Space Oddity* inspirée par le film *L'Odyssée de l'Espace* et l'alunissage, sera son premier succès.

Juliette Gréco et Michel Piccoli
12 décembre 1966. Un mariage insolite avec ses deux tourtereaux : Juliette, la chanteuse et actrice et Michel l'acteur phare des années 60 et 70. Leur union durera 11 ans.

MES 18 PREMIÈRES ANNÉES
TOP 10 — 1966

1. **Antoine** *Les élucubrations d'Antoine*
2. **The Beach Boys** *Good Vibrations*
3. **Tom Jones** *Green Green Grass of Home*
4. **The Mamas & Papas** *California Dreamin'*
5. **Mireille Mathieu** *Mon Crédo*
6. **Michel Polnareff** *La poupée qui fait non*
7. **Sheila, Andy Lyden** *Le folklore américain*
8. **Percy Sledge** *When a Man Loves a Woman*
9. **Ike & Tina Turner** *River Deep Mountain High*
10. **John William** *La chanson de Lara*

Open | Search | Scan

Une vraie star
Françoise Hardy chante en français, anglais et allemand. Reconnaissant en elle l'un des personnages qu'il a en tête pour son futur film, le metteur en scène John Frankenheimer l'engage pour jouer le rôle de Lisa dans le film *Grand Prix*, une production sur les courses automobiles. Elle est présente sur pratiquement tous les circuits de Formule 1. Pour la première projection publique du film, elle se rend à New York avec Yves Montand alias le pilote Jean-Pierre Sarti. À cette occasion, la Warner diffuse ses disques sur le marché américain. Françoise Hardy participe à quelques shows télévisés et fait l'objet de reportages dans les magazines.

Entre deux mondes
Le chanteur, compositeur et musicien Enrico Macias est né à Constantine en Algérie. Il a grandi avec la musique judéo-arabe. A son arrivée en France, il se lance dans des chansons de variétés orientalistes, inspirées par la musique arabo-andalouse : *Adieu mon pays* et *Les filles de mon pays*. Son professeur est alors Raymond Leyris, maître du malouf constantinois, en filiation directe avec la musique arabo-andalouse.

1967 — MES 18 PREMIÈRES ANNÉES

SPORT

Killy mène le ski
26 mars 1967. Lors de la Coupe du monde, Jean-Claude Killy remporte le classement général de ski alpin d'une manière écrasante. Etalée sur 3 mois, sur 17 épreuves, Killy en remporte 12. On compte par ailleurs 4 Français parmi les 5 premiers chez les hommes et de même pour les femmes. Marielle Goitschel échoue de 4 petits points au classement général pour être première, place prise par l'Américaine Nancy Greene.

Championnat de France de football
11 juin 1967. L'AS Saint-Etienne remporte le championnat de France devant Nantes, avec un magnifique parcours du buteur Hervé Revelli, auteur d'un total de 31 buts pour 34 matchs disputés.

Un jour noir pour le Tour
13 juillet 1967. Le Britannique Tom Simpson caracole en tête de cette terrible étape du Tour de France, disputée sous un soleil de plomb, sur les pentes de l'austère Mont Ventoux. A quelques tours de roue de l'arrivée, il titube soudain, et s'écroule. Il décède dans l'hélicoptère qui l'emporte vers l'hôpital. Dans sa musette, on retrouve des ampoules brisées, qui ont contenu des amphétamines. La statue de Simpson, à l'endroit où il s'est effondré, constitue un lieu de pèlerinage pour cyclotouristes.

Le Tour de Pingeon
23 juillet 1967. C'est son tour ! Un coureur cycliste français peu connu, Roger Pingeon, remporte la Grande Boucle, avec 3'40" d'avance sur l'Espagnol Julio Jimenez et 7'23" sur l'Italien Franco Balmamion. Il a bâti sa victoire à l'occasion d'une échappée en solitaire, au cours de l'étape Roubaix-Jambes ; il y relègue les favoris à 6 minutes.

27 JAN 1967
Suicide de Luigi Tenco, amant de la chanteuse Dalida, après son échec au festival de San Remo.

28 FEV 1967
Première diffusion de l'émission de divertissement *Les Grands Enfants*.

5-12 MAR 1967
Victoire serrée de la droite et progrès de la gauche dans les élections législatives.

1967

ACTUALITES

Marée noire en Bretagne
18 mars 1967. Le naufrage du pétrolier Torrey Canyon provoque la première marée noire en Bretagne. En tout, ce sera plus de 120 000 tonnes déversées dans la mer. C'est une première prise de conscience de risque majeur de pollution.

Redoutable
29 mars 1967. Le lancement du sous-marin Redoutable est une avancée significative dans l'arsenal de dissuasion nucléaire français : il a la capacité de lancer des missiles. Il sera le premier d'une famille de six navires de type SNLE: Sous-marin Nucléaire Lanceur d'Engins.

Le son des sixties
Johnny Hallyday introduit le rock en France. Richard Anthony incarne le yéyé et devient une star en France. Claude François marque les sixties avec *Belles, belles, belles* et *Comme d'habitude*. Sheila, la reine du yéyé, est la belle fille idéale. Dalida embrasse la modernité avec *Le temps des fleurs* et *Itsy bitsy petit bikini*.

Naissance de ELF
27 avril 1967. ELF Aquitaine de son nom complet est le résultat de fusion de nombreux acteurs pétroliers français. Le nom est proposé par l'ordinateur du groupe !

Le Capitole s'envole
28 mai 1967. C'est le premier train français roulant à 200 km/heure. Il dessert la ligne Paris-Toulouse dans un très grand confort au niveau de la première classe. C'est un moyen de faire briller le réseau ferroviaire français.

Marché de l'emploi
13 juillet 1967. Date très importante que la création de l'Agence Nationale pour l'Emploi (ANPE), une agence pour faciliter la gestion de l'offre et la demande en termes d'emplois.

Séisme d'Arette
13 août 1967. De magnitude 5,5 sur l'échelle de Richter, le tremblement de terre ne fera qu'une victime,  une vieille dame de 80 ans, mais détruira une bonne partie du village. Toutefois en étant le deuxième plus important du XXème siècle en France, il montre que notre hexagone peut être aussi soumis aux caprices de la nature.

15 AVR 1967
La France remporte le Tournoi de rugby des Cinq Nations pour la septième fois.

1 MAI 1967
Le célibataire le plus convoité du monde, Elvis Presley, épouse Priscilla Ann Beaulieu, à Las Vegas.

23-25 JUN 1967
Eruption de tornades dans le nord de la France, le Benelux et la République Démocrate Allemande.

1967

Participation aux bénéfices
17 août 1967. Changement important pour la vie des salariés en entreprise de plus de 100 personnes. En effet, si la société génère des bénéfices, les employés recevront en retour une participation, autrement dit une rémunération annuelle, versée à travers une épargne salariale décidée entre la direction et les syndicats.

La Dyane
29 août 1967. La Dyane est la remplaçante de la 2CV. Face à la chute des ventes de celle-ci et la concurrence de la 4L de Renault, le patron de Citroën décide de réagir, en fabriquant à moindre coût, en ajoutant un hayon, et en limitant la puissance fiscale à 2CV. Côté technique, c'est impressionnant : poids à vide 570 kg, moteur 425 ou 602 cm3, longueur 3,90 m pour 5 places, 21 chevaux de puissance et vitesse maximale 95 km/h.

POLITIQUE

Solidarité nord-atlantique
L'année 1967 est l'occasion pour le Conseil de l'Atlantique Nord d'approuver un document instituant la notion de dissuasion et de défense. Une étape importante vers une conception commune des questions touchant à la sécurité au sein de l'OTAN.

Général de Gaulle à Montréal
24 juillet 1967. Lors de l'exposition universelle de Montréal, le Général affirme haut et fort sa volonté d'une France libre et souveraine. En prononçant sa célèbre phrase « Vive le Québec Libre ! », il crée de nombreuses réactions contrastées, avec son soutien déguisé à la souveraineté du Québec.

La Carte Bleue voit le jour
6 novembre 1967. 6 banques françaises : Crédit Lyonnais, Société Générale, Banque Nationale de Paris, Crédit Commercial et Industriel, Crédit Commercial de France et Crédit du Nord s'associent pour créer la première carte de paiement en France, la Carte Bleue, le DAB (Distributeur Automatique de Billets) arrivera en 1968.

6 JUL 1967
La guerre déclenchée par la sécession de la région du Biafra au Nigéria coûte la vie à plus d'un million de personnes.

5 AOÛ 1967
Sortie du premier album des Pink Floyd, *The Piper at the Gates of Dawn*.

28 SEP 1967
La Commission des Opérations de Bourse est créée pour donner des avis sur certaines questions boursières.

1967

ACTUALITES INTERNATIONALES

Le Coup des Colonels
21 avril 1967. Un coup d'état militaire en Grèce, mené par un groupe de colonels, renverse le gouvernement démocratique. La junte militaire qui en résulte suspend les libertés civiles, abolit la constitution et gouverne par la censure, instaurant une période de répression politique et de violation des droits fondamentaux jusqu'en 1974.

VOUS SOUVENEZ-VOUS ?

Téléphone publique

Che Guevara
9 octobre 1967. Le révolutionnaire argentin, le 'Che', figure emblématique de la révolution cubaine, meurt exécuté par l'armée bolivienne. Sa mort marque la fin de sa tentative de propager la révolution en Amérique du Sud.

Guerre des 6 jours
5-10 juin 1967. La Guerre des 6 jours oppose Israël à l'Égypte, la Syrie et la Jordanie. Israël remporte une victoire rapide et 'annexe' Jérusalem-Est, la Cisjordanie, la bande de Gaza, le plateau du Golan et le Sinaï. Cette guerre redessine les frontières régionales et va intensifier les tensions au Moyen-Orient.

1 OCT 1967
Diffusion du premier programme en couleur sur la deuxième chaîne de la télévision française.

26 NOV 1967
En France, pour la première fois, la messe est dite en français.

11 DÉC 1967
Le premier prototype du Concorde est dévoilé à Toulouse.

1967

Première greffe du cœur
3 décembre 1967. En Afrique du Sud, une équipe de chirurgiens sous la direction de Christiaan Barnard réalise la première transplantation cardiaque. Elle bénéficie à un immigré polonais de 57 ans, qui se voit implanter le cœur d'une jeune femme victime d'un accident. Le patient décédera toutefois 18 jours plus tard, victime d'une pneumonie.

Minijupe et panty
Le panty : un genre de maillot, constitué de bas de nylon attachés à une sorte de culotte. Son apparition n'est pas le fruit du hasard : il complète la toute nouvelle minijupe et relègue au placard les bas longs agrémentés de jarretelles.

Muhammad Ali et la guerre
A la suite de son refus d'être enrôlé dans l'armée américaine pour combattre au Viêt Nam, Muhammad Ali est arrêté et reconnu coupable. Il évite la prison, mais est dépossédé de son titre mondial et de sa licence de boxe. Il ne va plus pouvoir combattre pendant 4 ans, un beau gâchis pour cet athlète.

Et voici Twiggy
Mannequin, Twiggy accède au statut d'icône, sitôt sa photo exposée en couverture du numéro de juillet du magazine *Vogue*. Elle est érigée en symbole des 'Swinging Sixties', affichant sa taille ultra-mince, sa mine qui fait garçon, ses cheveux courts et ses grands yeux.

Folie des grandeurs
9 décembre 1967. Nicolae Ceaușescu accède au poste de chef d'état de la Roumanie communiste. Plutôt libéral et tolérant au début, il apparaît aux yeux des Occidentaux comme différent des autres dirigeants des pays du Bloc de l'Est. Tout cela change totalement en 1970, lorsque Ceaușescu se transforme en véritable dictateur stalinien. Pendant que son peuple subit son joug, il se fait bâtir un palais somptueux et délirant à Bucarest. Ce sera son dernier caprice avant sa chute.

Vespa 150 Sprint

1967

DIVERTISSEMENT

Des agents très spéciaux
14 janvier 1967. Une série pleine d'action fait son apparition sur les écrans : Des agents très spéciaux. On y suit un binôme américano-russe, Napoleon Solo et Illya Kourakine affrontent une organisation mondiale de méchants.

Chapeau Melon et Bottes de Cuir
4 avril 1967. La série mythique *Chapeau Melon et Bottes de Cuir* arrive enfin dans sa première version avec John Steed et Emma Peel avec sa plastique et son côté très mode fin des sixties, début des seventies. On baigne dans un esprit britannique, teinté d'humour, de facétie avec quelques petits gadgets 'James Bondiens' lors des phases de combat contre leurs adversaires. Un petit clin d'œil aussi à la musique du générique si caractéristique.

Haut en couleur
15 septembre 1967. La deuxième chaîne de l'ORTF diffuse le premier journal télévisé en couleurs diffusé en Europe. Lorsque la troisième chaîne est inaugurée à la fin de l'année 1972, elle est en couleur.

Pour les jeunes
En mars 1967, débarque *La maison de Toutou*, une vision poétique de la campagne avec des personnages marionnettes animées : un chien, une chatte et une grenouille … En octobre, c'est l'arrivée du dessin animé *Popeye the Sailor Man* qui se glisse un peu partout, entre deux émissions.

Emotions en salle
Le 11 mars sort un film classique émouvant avec l'immense Michel Simon (photo) : *Le vieil homme et l'enfant* de Claude Berri, le 12 avril, on change de catégorie, action: *Les Aventuriers* avec Lino Ventura et Alain Delon, *Une musique fantastique* de François de Roubaix et le Fort boyard en toile de fond. Le 16 décembre, c'est *Playtime* réalisé et joué par Jacques Tati qui incarne Monsieur Hulot dans le film qui a nécessité 3 ans de tournage dans des décors fort coûteux. Le 20 décembre, c'est le film d'animation *Astérix le gaulois* qui sort en salle avec les voix truculentes de Roger Carel et Pierre Trabaud.

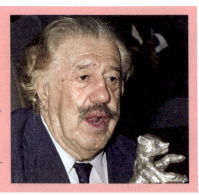

Fantômas contre Scotland Yard
16 mars 1967. Fin de la trilogie des Fantômas, avec deux acteurs célèbres et au sommet de leur art : Louis de Funès en inspecteur français survolté et Jean Marais dans un double rôle de journaliste à la Tintin et de Fantômas lui-même (avec la voix méchante de Raymond Pellegrin), sans oublier la superbe Mylène Demongeot. Une sorte de James Bond à la française où le méchant s'en sortirait à chaque fois. On se souvient par exemple de la DS volante dans cet épisode.

1967

Les confiseries

Dans les années 1960-70, la chasse au sucre n'est pas encore de mise, ainsi il existe toutes sortes de confiseries pour les enfants. Il y a les roudoudous à lécher dans des plastiques en forme de coquillage. On peut aussi trouver des cachous en boule dans de petites boites de dominos, ou encore des rouleaux de réglisse avec un bonbon de couleur au milieu.

La Flowerpower

Le mot anglo-saxon parle à nombre de jeunes européens, rebutés par la perspective d'une vie bourgeoise et sage. Ces jeunes rêvent d'être libres, de créer leurs propres communautés ou encore de vivre des relations sexuelles... diverses. C'est l'heure des hippies, parfois barbus et arborant des bandeaux dans des cheveux longs. Quant aux femmes, certaines décident de ne plus porter de soutien-gorge. Les vêtements longs et amples plaisent aux hippies, tout comme les vestes afghanes en peau de mouton, les T-shirts colorés, les chemises de coton et les vêtements souvent issus de ventes de deuxième-main.

Magritte

15 août 1967. Décès du peintre René Magritte. L'artiste Belge a assimilé des influences venues du cubisme, du futurisme, de l'abstraction, du mouvement Dada ou encore des toiles métaphysiques de l'Italien De Chirico. Son style surréaliste est généralement considéré comme une réflexion portant sur le contenu et le titre de l'oeuvre, le mot et l'image.

Monsieur Cinéma

18 septembre 1967. Coprésentée par le duo Pierre Tchernia et Jacques Rouland, l'émission est présentée dans sa première version, jusqu'en 1972, le dimanche en fin d'après-midi. Le principe : l'actualité du cinéma, puis un jeu de questions entre deux candidats, le gagnant devenant 'Monsieur Cinéma'.

Françoise Dorléac

26 juin 1967. La sœur de Catherine Deneuve décède tragiquement dans un accident de voiture. On se souviendra en particulier de la présence des 2 sœurs dans la comédie musicale de référence : *Les Demoiselles de Rochefort*, réalisé par Jacques Demy, avec une musique signée Michel Legrand.

1967

Michèle Demai
15 septembre 1967. La speakerine Michèle Demai accompagne les téléspectateurs lors du passage à la couleur de la télé le 15 septembre 1967. Elle anime par la suite l'émission *Aujourd'hui madame*, avant de partir en 1983 pour construire un bateau et faire des tours du monde à la voile avec ses filles.

Les circuits électriques
Quand on est un petit garçon, on rêve d'un circuit électrique. Le premier circuit électrique va s'appeler 'Circuit 24' et faire son apparition au début des années 60. La marque française Jouef propose des circuits un peu rustiques pas trop chers, qui prennent peu de place.

Le monde du petit écran
On voit débarquer des séries anglaises ou américaines : dans *Des agents très spéciaux*, un binôme américano-russe, Napoleon Solo et Illya Kourakine, affronte une organisation mondiale de méchants. On reconnaît John Steed et Emma Peel dans la première version de la série mythique *Chapeau Melon et Bottes de Cuir*. Puis *Mission impossible* vient frapper aux écrans, avec des intrigues au couteau et une ribambelle d'acteurs américains aux dents blanches.

Les chevaliers du ciel
16 septembre 1967. La série française, *Les chevaliers du ciel*, est une perle : on suit deux beaux pilotes, un blond et un brun, ils volent sur des Mirages, fleuron de l'aviation française, voire mondiale, c'est un produit du savoir-faire français. Tout cela est combiné avec des intrigues bien ficelées et enfin, cerise sur le gâteau, le générique est chanté par Johnny Halliday !!!

Maigret
14 octobre 1967. C'est le début de l'émission *Les Enquêtes du commissaire Maigret* tirée de l'œuvre de Georges Simenon. Le rôle du commissaire est joué par Jean Richard, acteur hautement célèbre dans ces années-là, qui tourne 88 épisodes jusqu'en 1990. On est dans une ambiance 'force tranquille' et c'est tourné dans le monde réel.

1967

MUSIQUE

Le MIDEM
3 février 1967. La première édition du MIDEM débute à Cannes. C'est l'abréviation de Marché International de l'Edition Musicale. Le salon s'adresse aux professionnels de l'industrie musicale. En 2013, il y a 6 400 participants issus de 3 000 entreprises. Le monde entier est présent au Palais des Festivals et des Congrès. L'objectif est de nouer des contacts, de trouver l'inspiration et de signer des contrats. Pour beaucoup d'entreprises, cet événement de 4 jours est le point focal commercial de l'année.

Psyché rock
11 juillet 1967. Le chorégraphe Maurice Béjart est invité à présenter une nouvelle œuvre au célèbre Festival d'Avignon. Celui-ci a introduit la danse dans sa programmation un an plus tôt. Béjart passe commande à Pierre Henry, un homme dont le nom est associé à la musique concrète. Il s'agit d'une musique qui utilise l'électronique pour transformer des sons quotidiens en compositions et en collages. De son côté, Henry fait appel à Michel Colombier, un jeune compositeur qui travaille régulièrement avec Serge Gainbourg. Ensemble, ils créent *Messe pour le temps* présent. Un disque novateur qui contient *Psyché rock*, le premier tube de danse électronique de l'histoire.

Déshabillez-moi
Juliette Gréco décide d'interpréter cette chanson dans une époque encore un peu coincée. Après un boycott de plusieurs radios, le titre prend son envol en début d'année suivante après l'interdiction de passage en télévision. Juliette Gréco restera toujours une artiste en marge et libre. Elle maintient sa position d'artiste engagée, chantant selon ses convictions.

A sa façon
17 septembre 1967. Claude François enregistre une chanson qui raconte sa récente rupture avec la chanteuse France Gall. *Comme d'habitude* est la première sortie de Disques Flèche, la maison de disques qu'il crée pour gérer lui-même ses affaires. La chanson attire l'attention à l'étranger. Le premier à s'aventurer dans la traduction est le jeune David Bowie. L'Américain Paul Anka réalise l'ultime traduction sous le titre *My way*. Elle devient immortelle dans la bouche de Frank Sinatra. C'est après un concert à Bruxelles que François a entendu cette version pour la première fois. Il aurait pleuré dans sa loge.

Monterey Festival
16-18 juin 1967. Le Monterey International Pop Music Festival a lieu à Monterey en Californie. Monterey est considéré comme l'apogée du 'Summer of Love'. The Who, Jimi Hendrix, Janis Joplin et Ravi Shankar dominent l'affiche du festival rock.

1967

Le maître de la soul
10 décembre 1967. A 26 ans, Otis Redding décède dans le crash de son avion privé. Ce chanteur noir et guitariste talentueux débutait une carrière très prometteuse dans un registre soul, rhythm and blues. Il laisse encore une empreinte de nos jours.

MES 18 PREMIÈRES ANNÉES
TOP 10 — 1967

1. The Beatles *All You Need Is Love*
2. The Doors *Light My Fire*
3. Jacques Dutronc *J'aime les filles*
4. Nino Ferrer *Le téléfon*
5. Claude François *Comme d'habitude*
6. Pierre Henry *Psyché rock*
7. Scott McKenzie *San Francisco*
8. Nicoletta *La musique*
9. Procol Harum *A Whiter Shade of Pale*
10. Sandy Shaw *Puppet on a String*

Open | Search | Scan

Jacques Dutronc
Il rencontre le succès avec des chansons comme *Et moi, et moi, et moi, Les cactus, La fille du Père Noël, Les Play-Boys* et *J'aime les filles, Il est cinq heures, Paris s'éveille, L'opportuniste* et *Fais pas ci, fais pas ça !* Son style musical est très distinctif : des mélodies entraînantes avec de paroles souvent humoristiques, voire ironiques. Outre sa carrière musicale, Jacques Dutronc joue dans une vingtaine de films. Son rôle le plus marquant est son interprétation de Vincent Van Gogh dans le film *Van Gogh* de Maurice Pialat.

Sheila
Elle est principalement connue pour sa carrière dans la période yéyé, où elle connaît un immense succès. Elle débute en 1962 avec *L'école est finie*. Par la suite, elle enchaîne les tubes : *Bang-Bang, Vous les Copains, je ne vous oublierai jamais* et *Les Rois Mages*. Durant la période 1970-1980, elle se marie au chanteur Ringo, et chante avec lui en en duo. En 1979, elle se lance dans le disco avec le groupe Sheila & B. Devotion et rencontre un immense succès international avec sa chanson *Spacer*.

RÉPONSE PHOTOS Copyright 2024, TDM Rights BV.

Photos: **A** Bettmann - Getty Images/ **B** Keystone-France - Gamma-Keystone - Getty Images / **C** Getty Images Sport - Getty Images Europe - Getty Images / **D** Keystone-France - Gamma-Rapho - Getty Images / **E** Keystone-France - Gamma-Rapho - Getty Images / **F** Keystone-France - Gamma-Keystone - Getty Images / **G** Bettmann - Getty Images / **H** Keystone - Hulton Archive - Getty Images / **I** Hulton Archive - Archive Photos - Getty Images / **J** Michael Nicholson - Corbis Historical - Getty Images / **K** The Stanley Weston Archive - Archive Photos - Getty Images / **L** William Stevens - Gamma-Rapho - Getty Images / **M** Keystone-France - Gamma-Keystone - Getty Images / **N** Bettmann - Getty Images / **O** Reporters Associes - Gamma-Rapho - Getty Images / **P** United Archives - Hulton Archive - Getty Images / **Q** Barbara Alper - Archive Photos - Getty Images / **R** Express - Archive Photos - Getty Images / **S** Archive Photos - Archive Photos - Getty Images / **T** INA - Getty Images / **U** Keystone - Hulton Archive - Getty Images / **V** Keystone - Hulton Archive - Getty Images / **W** United Archives - Hulton Archive - Getty Images / **X** Michael Ochs Archives - Getty Images / **Y** Elaine Mayes - Archive Photos - Getty Images / **Z** Keystone-France - Gamma-Keystone - Getty Images / **A2** INA - Getty Images.

1968 — MES 18 PREMIÈRES ANNÉES

SPORT

Jeux Olympiques d'hiver à Grenoble
6 février 1968. Après Chamonix en 1924, c'est au tour de Grenoble d'accueillir les JO d'Hiver. Ce sont les jeux de beaucoup de 'premières fois' : première mascotte 'Shuss', première diffusion en couleur... Réunissant 37 nations et 1 158 athlètes, les jeux sont une parfaite réussite, d'autant que les athlètes français brillent de mille feux, particulièrement Jean-Claude Killy en ski alpin avec trois médailles d'or, mais aussi Guy Périllat, et côté féminin on retiendra Marielle Goitschel (une médaille d'or), Isabelle Mir et Annie Famose.

Françoise Dürr brille doublement !
Françoise Dürr remporte 2 titres à Roland-Garros, double dames et double mixte.

Jeux Olympiques d'été à Mexico
12-27 octobre 1968. On retiendra l'exploit du sauteur en longueur Bob Beamon avec un bond de 8,90m et il gardera ce record 23 ans durant. Côté politique, c'est le poing levé des athlètes noirs Tommie Smith (or) et John Carlos (bronze), qui retiendra l'attention lors de la remise des médailles du 200 mètres pour exprimer leur soutien au movement des droits civiques aux Etats-Unis. Côté français, on retient l'exploit sur 400 mètres de Colette Besson (or), surnommée 'la petite fiancée de France'. Côté cyclisme sur piste, ce sera la razzia avec 5 médailles dont 4 en or, on se souvient surtout de Daniel Morélon et de Pierre Trentin, particulièrement en tandem.

Jean-Claude Killy
Souvent oublié à tort, le skieur dispose d'un palmarès bien fourni. Triple champion Olympique, 6 fois champion du monde et également 6 Globes de Cristal.

2 JAN 1968
La frontière franco-luxembourgeoise est rectifiée sur une zone de 2.225 m2.

5 FEV 1968
Grèves des cheminots, des employés de banque et du personnel navigant d'Air Inter.

27 MAR 1968
Décès de Youri Gagarine, cosmonaute russe et premier homme à être allé l'espace.

1968

Jacky Ickx
Le Bruxellois Jacky Ickx décroche un contrat chez Ferrari, équipe pour laquelle il remporte son premier Grand Prix de Formule 1 à Rouen. Il gagne 6 fois les 24 heures du Mans et devient champion du monde d'endurance en 1982 et 1983. En 20 ans de carrière, il remportera près de 200 victoires.

ACTUALITES

Michel Sardou dans la débrouille
En 1968, Michel Sardou est loin d'être encore la star de la chanson française, que l'on connaît maintenant. Pendant les évènements de Mai, mi-gaulliste, mi-anarchiste, pour pallier le manque de carburant dans les stations-service, il se livre à des 'vols d'essence' en pompant le carburant des voitures à Neuilly. Face à la 'chienlit' déplorée par le Général de Gaulle, il justifie cette action comme tolérable dans cet espace-temps particulier.

Les classes de neige
Ces séjours éducatifs visent à initier les jeunes élèves aux sports d'hiver, à la vie en groupe et à découvrir la nature. C'est devenu au fil du temps une tradition scolaire, en primaire ou au collège. On compte à cette date 50 000 enfants aux sports d'hiver.

Il est cinq heures, Paris s'éveille
Mars 1968. Hasard ou clin d'œil à l'histoire, cette chanson naît quelques mois avant les évènements de Mai 1968. Chantée par Jacques Dutronc, très en vogue de l'époque, elle raconte un Paris joyeux, effervescent, autour des activités matinales des ouvriers et des artisans, avec un petit air de flute qui fera sa renommée.

7 AVR 1968 — Décès de Pépée, le chimpanzée du chanteur Léo Ferré.

6 MAI 1968 — Premières barricades à Paris. 600 étudiants et plus de 300 policiers sont blessés.

5 JUN 1968 — Début de la reprise du travail dans la fonction publique.

1968

Premier coeur transplanté en Europe

27 avril 1968. Après une première mondiale en 1967 en Afrique du Sud, c'est au tour du professeur Cabrol de réaliser une première transplantation cardiaque à l'hôpital de La Pitié-Salpêtrière de Paris. Même si le résultat sera de courte durée pour le patient, c'est une avancée dans le domaine médical.

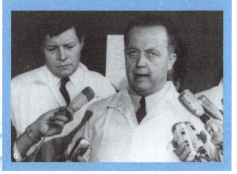

Fos-sur-Mer

20 décembre 1968. Le port de Fos-sur-Mer est inauguré. C'est un atout majeur dans le développement économique du bassin méditerranéen français. Il est devenu par la suite l'un des plus importants du pays, notamment pour la logistique des produits chimiques et pétrochimiques.

Les évènements de mai 1968

3 mai - 16 juin 1968. La France est secouée par des mouvements de contestation sociale et politique sans précédent. Initié par des étudiants universitaires parisiens avec son leader Daniel Cohn-Bendit contre les structures éducatives et le gouvernement, le mouvement gagne rapidement en ampleur. Les manifestations de rue, les barricades, les jets de pavés, les affrontements avec la police et les occupations d'universités et d'usines caractérisent le soulèvement. Une grève générale suit, paralysant l'économie et plaçant la France au bord du chaos. Les revendications portent sur des questions variées, allant de la démocratie participative à la critique du capitalisme. Bien que des négociations aboutissent à des accords apaisant la situation, les changements sociaux promis ne sont pas pleine-

ment réalisés. Toutefois, les événements de Mai 1968 laissent un héritage durable, influençant la pensée sociale, la politique, la culture en France, mais aussi les mœurs et la libération sexuelle.. La portée va bien au-delà de l'hexagone.

21 JUL 1968
C'est la fin des équipes nationales. Dès 1969, les maillots de marque aparaissent dans le Tour de France.

2 AOÛ 1968
102 journalistes de radio et télévision sont licenciés.

12 SEP 1968
Réouverture dans le calme de la Sorbonne.

1968

Meilleur restaurant du monde
En 1957, L'Hôtel Moderne devient Les Frères Troisgros, avec Pierre au fourneau, Jean le maître saucier et leur père Jean-Baptiste comme maître d'hôtel et sommelier. En 1968, Christian Millau titre en couverture de son magazine *Gault et Millau* : « J'ai découvert le meilleur restaurant du monde ».

Pschitt citron et orange
Ce sont des boissons très pétillantes avec une étiquette bleue pétante. L'idée du nom viendrait des échecs de lancement de fusée autour des années 1960.

POLITIQUE

L'Union douanière
1er *juillet 1968*. Dans le cadre de la Communauté Economique Européenne (CEE), composée de ses 6 pays fondateurs (Belgique, Allemagne, France, Italie, Luxembourg et Pays-Bas), l'Union douanière est mise en place.

L'affaire Marković
1er *octobre 1968*. On découvre le corps de Stevan Marković, supposé agent des services secrets de Tito, près d'Élancourt. Ancien homme de confiance d'Alain Delon, sa mort suscite des spéculations sur un chantage lié à un carnet d'adresses compromettant. François Marcantoni, proche de Delon, est évoqué, sans aboutir à des accusations.

Le Gaullisme du Général
9 septembre 1968. A l'occasion d'une conférence de presse, le Général définit le Gaullisme : « On voit quel est le devoir de cohésion et de résolution de ceux qui adhèrent à l'entreprise de rénovation nationale qui a le service de la France pour raison d'être, pour loi et pour ressort. Cette entreprise, si on l'appelle 'Gaullisme' depuis 1940, n'est que la forme contemporaine de l'élan de notre pays, une fois de plus ranimé, vers le degré de rayonnement, de puissance et d'influence répondant à sa vocation humaine au milieu de l'Humanité ».

Les points cadeaux
Des points à gagner dans les stations essence. Il vous faut une bouée ou un canot pneumatique ?

9 OCT 1968
René Cassin, président de la Cour européenne des droits de l'homme, reçoit le Prix Nobel de la paix.

5 NOV 1968
Le Républicain Richard Nixon est élu président des Etats-Unis.

20 DÉC 1968
Le décès de l'écrivain américain John Steinbeck, connu par son roman *A l'est d'Eden*

1968

ACTUALITES INTERNATIONALES

Premier satellite européen
17 mai 1968. La date marque l'histoire de la conquête européenne de l'espace. C'est ce jour-là que 10 pays européens envoient, à partir de la base de lancement de fusées Vandenberg aux Etats-Unis, un premier satellite dans l'espace. Baptisé ESRO 2B, ou plus poétiquement Iris, il est chargé d'analyser les effets du rayonnement X et des particules émises par le soleil durant les éruptions solaires sur l'environnement terrestre.

Auroville, ville expérimentale en Inde
28 février 1968. Inauguration d'un cas unique initié par une femme française Mirra Alfassa dite 'la mère'.. Une ville où toute personne peut vivre comme un citoyen du monde sans appartenir à qui ou quoi que ce soit. L'inauguration se fait sous l'égide de l'UNESCO et en présence du président de la République de l'Inde. La ville existe toujours, mais compte seulement 2 500 habitants au lieu des 50 000 prévus initialement.

La paix au Viêt Nam ?
En 1968, les États-Unis traversent une période tumultueuse au Viêt Nam. La perte du dix-millième avion militaire, l'offensive du Tet lancée par le Vietcong, et le massacre de My Laï commis par l'armée américaine témoignent d'une violence exacerbée. Malgré cela, des pourparlers de paix commencent en mai entre les Américains et les Nord-Vietnamiens. Le 31 octobre, le président Johnson annonce l'arrêt des bombardements sur le nord du Viêt Nam.

VOUS SOUVENEZ-VOUS ?

Jukebox

Les Etats-Unis dans la tourmente
Avril-juin 1968. Le 4 avril, le pasteur Martin Luther King, fervent défenseur des droits civiques des Noirs et opposant à la guerre du Viêt Nam, est assassiné. Cela déclenche des émeutes dans plusieurs villes. En pleine campagne présidentielle, Robert Kennedy, frère du défunt président John Kennedy, appelle à la paix entre Blancs et Noirs, mais il est également assassiné 2 mois plus tard, le 6 juin à Los Angeles.

1968

Accord de non-prolifération nucléaire
1er juillet 1968. Ce jour-là, la France, les États-Unis, la Chine, le Royaume-Uni et l'Union soviétique signent un accord de non-prolifération des armes nucléaires. De nombreux pays adhèrent au traité, promettant une utilisation pacifique de l'énergie nucléaire. Bien que 190 pays signent le traité au fil du temps, Israël, l'Inde, le Pakistan, la Corée du Nord et le Soudan du Sud refusent de le signer.

Ecrasement du printemps de Prague
L'année tumultueuse 1968 voit une révolte à Prague. Le 5 janvier, le nouveau Secrétaire général du parti communiste tchécoslovaque, Alexander Dubček, propose un « communisme à visage humain ». La population soutient cette idée, accueillant la culture occidentale. Cependant, Moscou désapprouve et envoie des chars soviétiques le 20 août. Malgré une réaction pacifique, la normalisation intervient, écartant Dubček du pouvoir. Le geste tragique de Jan Palach, qui s'immole par le feu, souligne la résistance pacifique face à l'oppression soviétique.

Grippe de Hong Kong
16 août 1968. l'OMS lance une alerte pandémique mondiale contre la dernière pandémie connue (avant la COVID-19). Elle touche la France pendant l'hiver 1968 et 1969. D'une nature assez violente à l'échelle mondiale, on estime entre un et quatre millions de morts. Cette grippe passera de façon discrète en France, malgré plus de 30 000 morts.

Un bonjour de la lune
21 décembre 1968. Lancement d'Apollo 8 qui devient le premier engin spatial à se placer en orbite autour de la Lune. A Noël, un quart de la population mondiale scrute son écran de télévision pour découvrir les 3 astronautes qui leur envoient des vœux de Noël à 2 pas de la lune. Apollo est chargé de localiser des sites d'atterrissage pour une future mission permettant d'atteindre notre satellite. L'ancien président américain John Kennedy avait annoncé que les Américains seraient les premiers êtres humains à débarquer sur l'astre de la nuit. L'histoire lui a donné raison.

 DIVERTISSEMENT

Festival de Cannes
Fait unique, à la suite des évènements de Mai, par solidarité avec les étudiants et les mouvements de contestation, il est décidé de ne pas remettre de prix !

Pedalier d'équilibre

1968

Le Prisonnier
18 février 1968. Une série culte, qui prend place dans l'univers oppressant du 'Village' où des petites voitures circulent. L'ex-agent d'espionnage est devenu malgré lui un numéro, le numéro 6. Impossible de s'évader du lieu hautement surveillé. Patrick Mc Goohan, l'acteur principal mais aussi co-scénariste y incarne un rôle qui marque à jamais, sans oublier sa légendaire Lotus Seven.

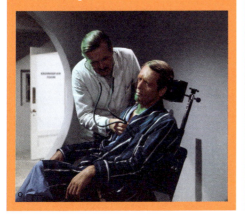

Les films clés
Baisers volés, réalisé par François Truffaut, film issu d'une série de 5 films où l'on voit évoluer Antoine Doinel (Jean-Pierre Léaud) et Christine Darbon (Claude Jade) dans des séquences de vie au fil des films : fiancés, mariés, divorcés. Du même Truffaut, on se rappelle *La mariée était en noir* avec Jeanne Moreau qui vengera la mort de son mari. Enfin on peut citer *La Bande à Bonnot* avec Bruno Cremer, Jacques Brel et Annie Girardot, relatant le premier 'casse automobile' de l'histoire.

Angélique et le sultan
C'est le cinquième et dernier film d'une saga autour de l'héroïne Angélique jouée par la superbe Michèle Mercier et Joffrey de Peyrac, son héros joué par Robert Hossein. Le tout se déroule dans une ambiance d'aventure à l'époque du roi Louis XIV. La série fonctionne remarquablement bien en France, en Italie, en Allemagne et en Union soviétique.

Les Shadoks
29 avril 1968. Une série d'animation complétement décalée, absurde avec des personnages anthropomorphes ressemblant à des oiseaux rondouillards aux longues pattes filiformes, des ailes minuscules en forme de main et trois poils sur le caillou. Ils habitent sur une planète et essayent par tous les moyens à accéder à la Terre, mais sans succès car leurs machines ne fonctionnent jamais comme la 'Cosmopompe'. Le tout est narré par la voix de Claude Piéplu.

1968

Max La Menace
8 septembre 1968. C'est la date de la première diffusion de cette série américaine d'espionnage, dans le registre de la comédie, créée par Mel Brooks. Elle allie une bonne dose d'humour et des gadgets farfelus, avec un héros un peu maladroit parfois. C'est un peu l'ancêtre de l'inspecteur Gadget.

La pub au petit écran
1er octobre 1968. La publicité de marque apparaît. Dans un premier temps, c'est seulement sur la première chaine de l'ORTF, puis à partir de 1971 sur la deuxième chaine et enfin en 1983 sur FR3.

Radioscopie
5 octobre 1968. Présenté par Jacques Chancel jusqu'en 1982, le principe est d'inviter en direct une personnalité et de mener un entretien intimiste. Au préalable, Jacques Chancel s'informe sur la personne, mais ne la rencontre pas avant pour garder la surprise.

MUSIQUE

Vous permettez, monsieur?
Salvatore Adamo est considéré comme le chanteur Belge ayant vendu le plus de disques dans le monde : plus de 100 millions d'albums et de singles. Il chante ses propres compositions en français, italien, anglais, néerlandais, turc, espagnol, japonais, allemand... Né d'un père mineur sicilien venu chercher du travail en Belgique, le jeune Salvatore a passé sa jeunesse à Jemappes, près de Mons. C'est là qu'il apprend à jouer de la guitare et chante dans une chorale d'église. A peine âgé de 13 ans, il remporte un premier concours de chant en 1960 avec *Si j'osais*. La même année encore, il passe à la radio. Un an plus tard paraît son premier disque, alors qu'il vient de remporter un concours à Saint-Quentin, entre Paris et Bruxelles. Et 1963 lui apporte son premier gros succès, avec *Sans toi, ma mie*. Son succès ira grandissant, tant en Belgique qu'en France, puis dans le monde entier. Son charme inné, relevé d'une touche méditerranéenne, et sa voix particulière teintée d'un léger voile, font fondre bien des coeurs.

Thibaud ou les Croisades
2 novembre 1968. C'est l'histoire d'un beau chevalier Thibaud (André Lawrence) surnommé 'le chevalier blanc', fils d'un baron chrétien et d'une mère arabe, au temps des croisades en Palestine. Une série historique dans des décors orientaux.

Skippy le kangourou
12 décembre 1968. Une amitié entre un kangourou orphelin Skippy et un jeune garçon Sonny. Il intervient pour sauver Sonny et son frère de moments périlleux dans la nature parfois hostile en Australie. On retiendra le petit bruit qu'émet Skippy lors de ces interventions.

1968

Alouette
Certains auteurs sont connus pour un unique tube. Gilles Dreu fait partie de ceux-ci avec *Alouette*. Il a bien évidemment chanté beaucoup d'autres chansons, mais celle-ci restera son titre phare.

Les tubes de l'année
Sylvie Vartan sort 2 chansons qui feront date : *Comme un garçon* et *La Maritza* en lien avec ses origines bulgares. Serge Gainsbourg et Brigitte Bardot chantent *Bonnie & Clyde*, c'est chaud, très chaud entre les deux amants. De son côté, Yves Montand donne dans le bucolique avec *La Bicyclette* ... et puis *Paulette* ... on a tous le refrain en tête !

En prison
13 janvier 1968. Le chanteur américain Johnny Cash enregistre son album At *Folsom Prison*, le premier d'une série d'albums 'prison'.

Brel en Amérique
Les Américains découvrent le chansonnier et comédien dans la comédie musicale *Jacques Brel is alive and well and living in Paris* à New York. Mort Shuman et Eric Blau ont traduit les textes. Le spectacle démarre au Village Gate Theatre. Il faut attendre l'année 1975 pour voir le film. Signalons que la comédie musicale dans le style Broadway ne plaît pas à tout le monde.

Diamant fou
6 avril 1968. Il est charismatique et un peu fou, le *Crazy diamond* Syd Barrett, fondateur du groupe britannique Pink Floyd. Il est forcé de quitter l'ensemble à cause de son comportement peu stable et sa toximanie. Il sera remplacé par David Gilmour.

Comme d'habitude
Cette chanson est chantée d'abord par Paul Anka sous le titre *My Way* en 1968 puis par Frank Sinatra en 1969. Au total, la chanson a été reprise plus de 1 300 fois par 570 artistes. Bien évidemment, il faut rendre à César, en l'occurrence Claude François (paroles, musique, interprétation), la paternité de cette chanson emblématique.

1968

Mai 68
Voici le plus grand mouvement social du XXᵉ siècle, porté essentiellement par des jeunes. On l'entend bientôt. Des chansons apparaissent avec des titres évocateurs comme *Vive les étudiants* (Simon Saguy), *La révolution* (Evariste), *Paris mai* (Claude Nougaro), *Sorbonne 68* (Ted Scotto). A Paris, Renaud a 16 ans et il écrit *Crève salope*, une chanson qui devient une sorte de mini-hymne mais qui n'est pas enregistrée. La contestation résonne aussi à l'étranger. Les exemples les plus connus sont *Street fighting man* des Rolling Stones et *Revolution* des Beatles.

MES 8 PREMIÈRES ANNÉES
TOP 10 — 1968

1. **Aphrodite's Child** *Rain and Tears*
2. **Canned Heat** *On the Road Again*
3. **Joe Cocker** *With a Little Help from My Friends*
4. **Dalida** *Le temps des fleurs*
5. **Jacques Dutronc** *Il est cinq heures, Paris s'éveille*
6. **Yves Montand** *La bicyclette*
7. **The Moody Blues** *Nights in White Satin*
8. **Claude Nougarou** *Paris mai*
9. **Otis Redding** *(Sittin' On) The Dock of the Bay*
10. **Sylvie Vartan** *Comme un garçon*

Open | Search | Scan

Maurice Chevalier
20 octobre 1968. Maurice Chevalier (80 ans) fait ses adieux à la scène après 68 ans de carrière. Sa tournée d'adieu le mènera dans 20 pays, dont l'Argentine, le Canada, la Suède et les États-Unis. Il y reçoit un Special Tony Award pour son grand mérite, aux côtés de Marlene Dietrich et Audrey Hepburn. Une session spéciale du Sénat américain et un hommage au MIDEM de Cannes suivent. Les studios Walt Disney lui demandent s'il accepte encore un emploi. Chevalier répond 'oui' par amitié et il chante le thème des *Aristochats* dans les versions française et anglaise.

Les Pink Floyd à Lyon
16 octobre 1968. Le premier concert en France de ce groupe mythique se déroule à Lyon au Théâtre du 8ᵉᵐᵉ.

Album blanc
22 novembre 1968. La sortie du fameux double album des Beatles, surnommé 'Album blanc' à cause de sa pochette extérieure blanche avec 30 chansons originales. Le groupe britannique évolue une fois de plus, abandonne le psychédélisme pour le rock 'n roll, favorise les arrangements plus simples et les textes moins philosophiques loin de la complexité de *Sgt. Pepper*. La guitare acoustique revient. On y sent l'influence de l'Inde, où les Beatles ont résidé dans l'ashram du Maharishi Mahesh Yogi. *Helter Skelter, Back in the U.S.S.R* et *While My Guitar Gently Weeps* figurent parmi les titres les plus connus.

1969 — MES 18 PREMIÈRES ANNÉES

SPORT

Le Tour d'Espagne
10 mai 1969. Le Français Roger Pingeon signe une des plus belles victoires de sa carrière en s'imposant sur la 'Vuelta'. Il devance un certain Luis Ocaña qui fera parler de lui les années suivantes.

Championnat de France de Rugby à XV
18 mai 1969. Le CA (Club Athlétique) Bègles gagne contre Toulouse 11-9 en finale. A cette époque, le championnat est composé de 8 poules de 8 équipes. A l'issue de la phase qualificative, les 4 meilleures équipes de chaque poule sont sélectionnées et des matchs à élimination directe commencent au stade des seizièmes de finale. Ce système évoluera au fil du temps pour aboutir au Top 14 à partir de 2005.

Les rois du basket
Pour la dixième fois dans l'histoire du club, Lyon-Villeurbanne (ASVEL) remporte le Championnat de France de basket-ball. Le joueur Alain Gilles, surnommé 'Monsieur Basket', conduit l'équipe à 8 titres de champion de France de 1966 à 1981.

GP automobile de France de Formule 1
6 juillet 1969. Un Français brille sur le circuit de Charade, Jean-Pierre Beltoise finit deuxième derrière l'inaccessible Jacky Stewart, l'Ecossais qui deviendra d'ailleurs Champion du monde cette année-là. Pour compléter le podium, le Belge Jacky Ickx finit troisième.

Le Tour de force d'Eddy Merckx
20 juillet 1969. C'est un premier Tour éblouissant pour le belge Eddy Merckx. Non content de remporter le maillot jaune, il gagne le maillot vert : meilleur sprinter et le maillot du meilleur grimpeur, un carton plein. Aux places d'honneur, Roger Pingeon, vainqueur en 1967, arrive en deuxième position à plus de 17 minutes et en troisième position, l'inamovible coqueluche des Français : Raymond Poulidor.

Rod Laver remporte Roland-Garros
8 juin 1969. Rod Laver gagne le tournoi et surtout va réaliser cette année-là le 'Grand Chelem'. Il remporte les 4 grands tournois majeurs du monde : Open d'Australie, Roland-Garros, Wimbledon, US Open, sur des surfaces très différentes, c'est le dernier a l'avoir fait. Il est considéré comme l'un des plus grands joueurs de tennis de l'histoire, avec 200 titres individuels.

20 JAN 1969
Richard Nixon succède à Lyndon Johnson à la présidence des États-Unis (jusqu'en 1974).

19 FEV 1969
La France se retire de l'Union de l'Europe occidentale (UEO).

28 MAR 1969
Le gouvernement français limite la vitesse sur 1 600 km de routes nationales.

1969

Spectacle aux 24h du Mans

15 juin 1969. C'est tout d'abord la dernière année où les concurrents partent à pied de l'autre côté de la piste en courant pour monter dans leurs voitures garées en épis. Cette édition marque les esprits car elle est tragique : la Porsche 917 'la machine à gagner les courses' mord le gazon, revient sur la piste et est découpée en deux par une Ferrari, et c'est un véritable brasier qui se déclenche aussitôt.

Le pilote de la Porsche, qui n'était pas attaché, décède. Mais, si le début de la course est dramatique, la fin est aussi épique ! A quelques tours de l'arrivée, Jacky Ickx se trouve en tête à bord de sa Ford GT40 numéro 6, il a un peu d'avance sur une Porsche 908 mais cette dernière s'accroche et revient sur lui. Lors du dernier tour, les deux voitures ont la même vitesse de pointe, 320 km/h, mais une cylindrée respectivement de 4,9 litres et 3 litres. La Porsche arrive à la hauteur de la Ford à la fin de la ligne droite des Hunaudières, mais sans pouvoir la dépasser. Coup de théâtre ! Quand les voitures franchissent la ligne d'arrivée, il manque 20 secondes pour boucler les 24h, ils doivent alors faire un nouveau tour comme le stipule le règlement. Le même scénario se produit et Jacky Ickx avec sa Ford GT40 triomphe avec 120 mètres d'avance !

ACTUALITES

Des friandises mentholées

De petits bonbons mentholés font leur apparition en 1969, sous la marque Tic-Tac. Ils sont contenus dans une boîte transparente caractéristique, équipée d'une petite ouverture sur le dessus.

Le Concorde s'envole

2 mars 1969. Le premier vol d'essai de cet avion mythique au-dessus de Toulouse le consacre comme le fleuron technologique codéveloppé par la France et le Royaume-Uni : il pouvait transporter une centaine de passagers à 2 200 km/h, soit environ 3h30 pour joindre Paris et New-York. Cet avion supersonique construit en 20 exemplaires, dont seulement 6 à usage commercial, évoluera de 1976 à 2003. Ce modèle prendra sa retraite après un tragique accident en 2000 : l'avion s'écrase 1 minute et 28 secondes après son décollage de l'aéroport de Paris Charles-de-Gaulle.

---

26 AVR 1969
L'album live du concert de Jimi Hendrix au Los Angeles Forum sortira… en 2022.

30 MAI 1969
Première de la comédie musicale *Hair* au théâtre de la Porte Saint-Martin à Paris.

21 JUN 1969
Jacques Chaban-Delmas Premier ministre, forme le gouvernement, Giscard d'Estaing revient aux finances.

1969

Les 'chalandonnettes'
31 mars 1969. Sous l'impulsion du ministre de l'Équipement et du Logement, Albin Chalandon, un concours international de la maison individuelle est lancé dans l'optique de créer des pavillons bon marché pour faciliter l'accession à la propriété. Finalement, entre 60 000 et 70 000 pavillons verront le jour, souvent de mauvaise qualité. Le mot 'chalandonnette' deviendra par la suite un sobriquet désignant un piètre habitat.

Les richesses du monde
Un jeu de société édité par la société Nathan voit le jour cette année-là. Le but est d'amasser un maximum de richesse au détriment des autres joueurs pour construire un véritable empire économique… En y regardant de plus près, c'est un avant-goût de la mondialisation capitaliste !

Fin d'école le samedi après-midi
7 août 1969. Changement du rythme scolaire avec une réduction hebdomadaire de 30 heures de cours à 27 heures, ainsi les cours du samedi après-midi s'arrêtent dans les écoles élémentaires et maternelles.

Suicide d'une professeure
1er septembre 1969. Gabrielle Russier, professeure agrégée de lettres, s'éprend d'un élève avec qui elle entretient une liaison amoureuse. Suite à une plainte des parents de celui-ci, elle est condamnée à un an de prison avec sursis pour enlèvement et détournement de mineur. Elle ne supporte pas cette décision et se suicide au gaz. Le réalisateur André Cayatte s'inspire du drame pour un film avec Annie Girardot, *Mourir d'aimer*, qui sortira en 1971.

La plus ancienne salle de cinema
L'Eden Théâtre à La Ciotat est inauguré le 15 juin 1889. Louis Lumière, inventeur de la Caméra Cinématographe en 1895, tournait ses premiers films à La Ciotat. L'Eden Théâtre est la plus ancienne salle de cinéma en activité dans le monde, inscrite au Guinness World Records.

VOUS SOUVENEZ-VOUS ?

Bigoudis

7 JUL 1969
Victoire du britannique Jackie Stewart sur une Matra-Ford au Grand Prix automobile de France.

15 AOÛ 1969
Premier des 3 jours du festival de Woodstock à Bethel (New York).

8 SEP 1969
Le décès de l'exploratrice, tibétologue et bouddhiste française, Alexandra David-Néel (100 ans).

1969

Les 'vedettes de Cherbourg'
24-31 décembre 1969. L'armée israélienne dérobe 5 navires, appelées des 'vedettes' arrimées au port de Cherbourg. Ces vedettes avaient déjà été payées par le gouvernement israélien, mais l'embargo sur l'armement mis en place par le Général de Gaulle en 1967 était toujours d'actualité. Il semblerait, selon plusieurs historiens, que la France était au courant de cette manœuvre, mais le gouvernement aurait décidé de fermer les yeux sur cette affaire, par double intérêt, pour rester en bon terme avec Israël d'une part et les pays arabes d'autre part. Une navigation entre stratégie économique et diplomatique donc !

ACTUALITES INTERNATIONALES

Les pantalons pattes d'éléphant
Les pantalons à pattes d'éléphant sont très prisés par les jeunes qui se refusent à acheter des vêtements coûteux. Ainsi, les jeans en coton Denim avec des bas de jambes élargis sont totalement en vogue. Danser vêtu de ce type de pantalon, avec des fleurs dans les cheveux, devient un cliché du 'look' hippie.

POLITIQUE

Démission du Général de Gaulle
28 avril 1969. Charles de Gaulle démissionne de ses fonctions de Président de la République française, suite au rejet du referendum concernant la réforme du Sénat et des régions, organisé le 27 avril 1969. Il met ainsi définitivement un terme à sa carrière politique, après 10 ans au pouvoir.

VOUS SOUVENEZ-VOUS ?

Dessous de poêle en osier

Pompidou est élu président de la République
15 juin 1969. Georges Pompidou est élu président de la République française. Il remporte l'élection présidentielle en battant le candidat démocrate-chrétien et centriste Alain Poher au second tour. Pompidou succède au Général de Gaulle. Georges Pompidou va exercer ses fonctions présidentielles jusqu'à son décès en 1974 des suites de la maladie de Waldenström.

21 OCT 1969
Willy Brandt est le nouveau Chancelier de la République Fédérale d'Allemagne.

7 NOV 1969
Sortie du film de Jean Aurel, *Les Femmes*, avec Brigitte Bardot.

19 DÉC 1969
Deux pharmaciennes sont assassinées à Paris. Pierre Goldman est le principal suspect.

1969

Jan Palach prend feu
16 janvier 1969. L'étudiant tchécoslovaque Jan Palach s'immole par le feu sur la place Venceslas à Prague. C'est un mouvement de protestation contre le retrait des réformes engagées lors du Printemps de Prague, qui se dirigeait vers un 'socialisme à visage humain'. Il décède trois jours plus tard des suites de ses blessures.

Le président de l'OLP Yasser Arafat
5 février 1969. L'OLP, Organisation de Libération de la Palestine, va s'employer pendant de nombreuses années à avoir recours à la violence pour son objectif 'politique' : détournement d'avions, prises d'otages, actions armées contre des civils, … Arafat devient un partenaire de discussion privilégié avec Israël.

Premier essai du Jumbo
9 février 1969. Dès son premier essai, l'avion américain Boeing 747 révolutionne la navigation aérienne commerciale. Le 'Jumbo Jet' restera pendant des décennies le plus grand avion du monde. Il innove aussi avec un fuselage élargi, qui peut accueillir 400 passagers, soit 2 fois plus que les autres avions les plus grands.

Golda Meir
17 mars 1969. Suite à la mort soudaine de Levi Eshkoi, le troisième Premier Ministre israélien, on fait appel à Golda Meir pour lui succéder. Elle tiendra ce poste pendant 5 années marquées par sa fermeté et ses victoires militaires. Elle tient des propos très durs sur les Palestiniens.

'Bed-in' pour la paix
25 mars 1969. John Lennon épouse l'artiste avant-gardiste japonaise Yoko Ono, et le couple choisit Amsterdam pour son voyage de noces. Ils veulent utiliser la publicité générée par leur union pour promouvoir la paix mondiale. Influencé par Yoko, le célèbre Beatle devient un militant pacifiste radical. Ensemble, ils organisent un Bed-in au Hilton d'Amsterdam, accueillant la presse quotidiennement sur leur lit en pyjama. Ce geste pacifique contre la guerre au Viêt Nam, inspiré des Sit-in, surprend ceux qui attendaient des scènes érotiques.

Le décès d'Eisenhower
28 mars 1969. Dwight D. Eisenhower, général émérite et 34e président des États-Unis (1953-1961), a émergé comme un leader majeur pendant la Seconde Guerre mondiale, durant laquelle il commandait les forces alliées en Europe. Son rôle crucial dans la planification du Débarquement de Normandie et la libération de l'Europe a façonné son prestige militaire. En tant que président, il a apporté son expérience stratégique à la gestion de la Guerre froide et à des initiatives nationales.

1969

Le premier homme sur la lune
21 juillet 1969. La conquête de l'espace aboutit à cet événement mythique : l'Homme a marché sur la Lune. L'été tout entier est placé sous le signe de l'exploit et le moindre événement touchant à la mission Apollo 11 est suivi de près par les chaînes de télévision. La fusée Saturn V, qui emmène le module de commande Columbia et les astronautes Neil Armstrong, Buzz Aldrin et Michael Collins, a décollé le 16 juillet pour un voyage d'environ 3 jours vers la Lune. Se rapprochant de l'astre, le module lunaire Eagle se détache du module de commande et Armstrong confirme bientôt : « L'aigle s'est posé ». Des applaudissements ponctuent cette nouvelle dans le centre de commandement de la mission en Floride. Mais ils retentissent aussi dans des millions de foyers. Une fois posés, Armstrong et Aldrin chasseront l'air de la cabine, après quoi le volet de fermeture s'ouvrira, laissant le passage à Armstrong, qui descendra lentement à reculons, vers le sol lunaire. Neil Armstrong devient le premier être humain à poser le pied sur la Lune. La phrase qu'il prononce alors est devenue historique : « C'est un petit pas pour l'homme, un bond de géant pour l'humanité ».

Sharon Tate assassinée
9 août 1969. L'actrice Sharon Tate, épouse de Roman Polanski, enceinte de 8 mois, est sauvagement assassinée avec 4 autres personnes par un groupe dirigé par Charles Manson, gourou à Los Angeles. Ce crime notoire a choqué le public, marquant une tragédie emblématique de cette période.

Khadafi prend le pouvoir en Libye
1er septembre 1969. Cette prise de pouvoir marque la fin du règne du roi Idris 1er. Kadhafi, alors officier militaire, mène un coup d'État sans effusion de sang, établissant un régime autoritaire qui va perdurer jusqu'en octobre 2011.

Le diamant Taylor-Burton
23 octobre 1969. Le joaillier français Cartier achète aux enchères un célèbre diamant de 69 carats pour 1 million de dollars, un prix record en vente publique officielle. Il est ensuite acheté par le célèbre acteur britannique Richard Burton pour son épouse britannico-américaine Liz Taylor. Après la séparation du couple, l'actrice revendra le diamant pour financer la construction d'un hôpital au Botswana.

1969

Décès de Hô Chi Minh
2 décembre 1969. Ho Chi Minh leader des révolutionnaires vietnamiens, décède pendant la guerre du Viêt Nam. Il a joué un rôle essentiel dans la lutte pour l'indépendance et dans la fondation de la République Démocratique du Viêt Nam en 1945. Son corps repose dans un mausolée à Hanoï.

La sirène du Mississipi
18 juin 1969. Réalisé par François Truffaut, c'est l'histoire d'un va-et-vient amoureux basé sur les mensonges de Julie Roussel, jouée par Catherine Deneuve, et du 'gentil' Louis Mahé, joué par Jean-Paul Belmondo. Comment démêler le vrai du faux ?

 ## DIVERTISSEMENT

La Piscine
31 janvier 1969. Un film de Jacques Deray, avec le couple mythique Alain Delon et Romy Schneider. S'ajoutent au casting, Maurice Ronet et Jane Birkin. Un drame en presque huis clos, un beau décor, de beaux acteurs et de belles actrices et la piscine témoin de la jalousie des uns et des autres… Musique de Michel Legrand.

Les Fous du volant
3 juillet 1969. Un must dans le dessin animé de ces années-là, grâce aux 2 créateurs Hanna et Barbera. Des courses de voitures endiablées avec des candidats plus déglingués les uns que les autres, dont le fameux duo de méchants 'loosers' : Diabolo et Satanas le chien, et leurs voix de doublage inoubliables.

Pif gadget
24 février 1969.
Ce magazine hebdomadaire fait le bonheur des enfants avec des bandes dessinées telles que : *Corto Maltese*, *Rahan*, *Placid et Muzo*, *Pifou*, *Gai-Luron* et bien sûr *Pif le chien* et *Hercule le chat*. Mais cerise sur le gâteau, c'est le fameux gadget inclu avec le magazine, comme les pois sauteurs du Mexique, qui va faire de cet hebdomadaire un best-seller des librairies et des cours de récréation dans les années 1970 à 1980. Ainsi les numéros 60, 137, 443 vont être tirés à 1 million d'exemplaires, un record en Europe.

Lego Duplo
La cible : les enfants entre un an et demi et cinq ans. Pour cela, Lego fabrique des pièces beaucoup plus grosses, impossible donc de les avaler et c'est un moyen de capter une future clientèle dès le plus jeune âge.

1969

Que la bête meure
5 septembre 1969. Un film noir de Claude Chabrol, où Jean Yanne joue un de ses meilleurs rôles d'ordure. Une histoire sordide où il tue accidentellement un enfant en le renversant en voiture, mais cache son horrible méfait, et pour la suite… Il faut voir ou revoir le film !

L'homme de fer
24 septembre 1969. Cette série suit les aventures du policier Robert Dacier, qui se retrouve dans un fauteuil roulant après avoir reçu une balle dans la colonne vertébrale. Entouré d'une équipe efficace, il mène des enquêtes parfois mouvementées. Le générique a été créé par Quincy Jones.

Le clan des siciliens
1er décembre 1969. Un film réalisé par Henri Verneuil avec 3 des plus grosses stars françaises de l'époque : Jean Gabin, Alain Delon et Lino Ventura. Un film d'action et policier avec un scénario très bien ficelé, à voir et à revoir pour le jeu des acteurs.

Jacquou le croquant
4 octobre 1969. Série historique, l'histoire débute en 1815 et raconte le parcours du jeune orphelin Jacquou dans une France paysanne, où la famine fait rage et où il règne une lutte des classes entre les riches propriétaires et les 'pauvres', entraînant la révolte des Croquants.

Tintin et le temple du soleil
13 décembre 1969. Un film d'animation comme il en existe beaucoup à cette époque, très attendu comme à chaque fois. Idéal à l'approche des fêtes de fin d'année.

Easy Rider
13 mai 1969. Ce 'road movie' de deux motards épris de liberté parcourant l'Amérique, réalisé par l'acteur Dennis Hopper, est devenu un emblème de la génération hippie. Lorsque le film est présenté au festival de Cannes, le 13 mai, il faut attendre une minute après la fin pour entendre un tonnerre d'applaudissements et voir le film remporter le prix de la première œuvre.

Les aventures de Babar
24 décembre 1969. Issu de l'œuvre de Jean de Brunhoff et de sa femme Cécile, Babar et son univers a été créé en 1931 à travers de nombreux ouvrages. La première version animée à la télévision apparait fin 1969, la veille de Noël. Ce personnage est emblématique pour les petits enfants. Tout le monde connait Babar, en peluche, en figurine, en dessin, en livre, en animation : il fait partie du patrimoine !

1969

MUSIQUE

Bardot - Birkin
Février. En 1967, Brigitte Bardot demande à Serge Gainsbourg d'écrire la plus belle chanson d'amour de tous les temps. Ils enregistrent ensemble *Je t'aime... moi non plus* et veulent la publier, mais Gunter Sachs, le mari de Bardot, y met un terme. Deux ans plus tard, Gainsbourg rencontre la jeune actrice britannique Jane Birkin et lui dédie cette chanson. La sortie est accompagnée d'une controverse dans toute l'Europe. De nombreux pays interdisent la diffusion de la chanson à la radio. Aux Pays-Bas, la reine se plaint au conseil d'administration de la maison de disques Philips. En France, la pochette porte la mention « Interdit aux moins de 21 ans ». Tout cela ne fait que renforcer l'engouement mondial pour la chanson.

Oh lady Mary
La chanson phare de David Alexandre Winter, sortie en France en avril 1969, fait un carton : plus de 500 000 exemplaires. On revoit ce chanteur très beau garçon avec son emblématique chemise à jabot. La suite est moins rose, il partira en 1976 pour les Etats-Unis quittant femme et enfants dont sa fille Ophélie Winter, née en 1974, qui fera carrière un temps dans la chanson entre les années 1994 et 2004.

La comédie musicale *Hair*
30 mai 1969. Hair est une comédie musicale rock venue des Etats-Unis. La comédie est un succès, car elle porte le mouvement hippie et pacifiste. Elle s'exporte à Paris où son adaptation crée quelques remous suite à des scènes dénudées. En France, les chansons seront portées par Julien Clerc et Gérard Lenorman.

Woodstock
15-18 août 1969. Situé à 80 km au nord de New York, le festival prévu pour accueillir 50 000 personnes va en accueillir 10 fois plus ! C'est un festival légendaire avec au programme des pointures comme Jimi Hendrix, Janis Joplin, The Who, Santana, Joe Cocker, et bien d'autres. L'atmosphère prévue sera au rendez-vous : paix, amour, camaraderie, tolérance, bienveillance. Un vrai must de la liberté, une preuve qu'il est possible de vivre en harmonie avec les autres !

Les chansons marquantes
Que je t'aime de Johnny Hallyday, toujours un succès de nos jours ! *Tous les bateaux, tous les oiseaux* de Michel Polnareff, *Comment te dire adieu* de Françoise Hardy, *Le métèque* de Georges Moustaki, *La Californie* de Julien Clerc, *Lay lady lay* de Bob Dylan, *Lindberg* de Robert Charlebois et Louise Forestier ou encore *C'est extra* de Léo Ferré.

1969

Joe Dassin

Joe Dassin est au sommet de sa gloire. Chanteur franco-américain, il est célèbre pour ses ballades mélodiques et sa voix chaude. Né à New York, fils du cinéaste Jules Dassin, il conquiert rapidement le public francophone, et en particulier le public féminin, avec des tubes intemporels comme *Les Champs-Élysées* et *Et si tu n'existais pas*. Son style musical est varié allant du folk au pop. Son décès prématuré à l'âge de 41 ans laissera un vide dans le monde de la chanson française.

MES 18 PREMIÈRES ANNÉES — TOP 10 — 1969

1. Bee Gees *I Started A Joke*
2. Joe Dassin *Les Champs-Elysées*
3. Gainsbourg & Birkin *Je t'aime… moi non plus*
4. Johnny Hallyday *Que je t'aime*
5. Ennio Morricone *L'homme à l'harmonica*
6. Georges Moustaki *Le métèque*
7. Elvis Presley *Suspicious Minds*
8. Shocking Blue *Venus*
9. David Alexandre Winter *Oh lady Mary*
10. Zager & Evans *In the Year 2525*

Open | Search | Scan

Le Festival d'Amougies

24 octobre 1969. Jean Georgakarakos, patron du disque, veut organiser le premier grand festival de rock en France. Mais on craint les émeutes suite au climat politique tendu de l'après Mai 68. Le ministère de l'Intérieur l'interdit. Puis c'est le départ pour la Belgique. Le festival 'interdit' atterrit finalement à Amougies. Il dure 5 jours et forme un mariage exclusif de jazz (Archie Shepp, Don Cherry) et de rock (Pink Floyd, Yes, Soft Machine). Le présentateur est Frank Zappa.

Moustaki

Giuseppe Mustacchi est arrivé à Paris en 1951, en provenance d'Égypte. Il adopte le prénom de Brassens pour devenir Georges Moustaki. En 1959, il écrit *Milord* pour Édith Piaf, son amante. Il écrit, dans l'esprit engagé de Mai 68, *Le métèque*. Il s'agit d'un terme injurieux qu'il réinvestit d'une connotation poétique et rêveuse.

RÉPONSE PHOTOS Copyright 2024, TDM Rights BV.
Photos : **A** Titelio - Shutterstock / **B** Keystone-France - Gamma-Rapho - Getty Images / **C** INA - Getty Images / **D** Bettmann - Getty Images / **E** Reporters Associes - Gamma-Rapho - Getty Images / **F** James Andanson - Sygma - Getty Images / **G** Bettmann - Getty Images / **H** Evening Standard - Hulton Archive - Getty Images / **I** Bettmann - Getty Images / **J** Bettmann - Getty Images / **K** Royalty free - iStock - Getty Images Plus - Getty Images / **L** Mark And Colleen Hayward - Redferns - Getty Images / **M** David Neff - Corbis Historical - Getty Images / **N** NASA - Getty Images / **O** Bettmann - Hulton Archive - Getty Images / **P** United Archives - Hulton Archive - Getty Images / **Q** Reporters Associes - Gamma-Rapho - Getty Images / **R** Keystone-France - Gamma-Keystone - Getty Images / **S** Michael Ochs Archives - Moviepix - Getty Images / **T** United Archives - Hulton Archive - Getty Images / **U** Chain Archives - Hulton Archive - Getty Images / **V** Marc Deville - Gamma-Rapho - Getty Images / **W** Alain Dejean - Sygma - Getty Images / **X** Keystone-France - Gamma-Keystone - Getty Images / **Y** INA - Getty Images / **Z** INA - Getty Images / **A2** fr.wikipedia.org - Wikipedia.

1970 — MES 18 PREMIÈRES ANNÉES

SPORT

Porsche aux 24 heures du Mans
14 juin 1970. Porsche remporte enfin les 24 heures du Mans, avec la célèbre Porsche 917. Gérard Larrousse, pilote français, et Willi Kauhsen, finissent deuxième après Hans Herrmann et Richard Attwood, lui aussi sur une Porsche 917. Cette course servira de support au film *Le Mans* tourné avec Steve Mc Queen (voir ci-dessous).

AS St-Etienne championne de France
23 juin 1970. L'équipe de l'AS Saint-Etienne est championne de France pour la sixième fois, la quatrième année consécutive et remporte aussi la Coupe de France.

Le PSG voit le jour
12 août 1970. La fusion du Stade Saint-Germain et du Paris Football donne naissance au Paris Saint-Germain Football Club (PSG). Il entrera en division 1 à partir de la saison 1971-72 avec une modeste 16e place sur 20 clubs.

Coupe du monde de Pelé
21 juin 1970. Le Brésil bat l'Italie 4-1 en finale de la Coupe du Monde au Mexique. Au-delà du titre, cette compétition met en avant un footballeur d'exception, Pelé, une icône dans son pays. Il gagne trois fois la coupe du monde (1958, 1962 et 1970). Il marque le match de son empreinte : un but et deux passes décisives.

Jochen Rindt champion posthume de F1
5 septembre 1970. Après cinq victoires en Grand Prix de Formule 1, l'Autrichien Jochen Rindt occupe la première place au championnat du monde des pilotes. Mais il est accidenté sur le circuit de Monza, en Italie. Il décède dans l'ambulance l'emmenant à l'hôpital. Toutefois, aucun autre pilote n'arrivera à dépasser son capital de points et il sera sacré champion du monde à titre posthume.

18-21 JAN 1970
2 lycéens s'immolent par le feu à Lille pour exprimer leur dégoût de la société.

26 FEV 1970
La police intervient sur le campus de Nanterre où de violents affrontements font plusieurs dizaines de blessés.

12 MAR 1970
Le premier turbotrain met 2 heures pour rallier Paris à Caen.

1970

ACTUALITES

Voler pour redistribuer
8 mai 1970. Attaque de Fauchon, entreprise de gastronomie de luxe, par un commando maoïste qui distribuera le butin dans des bidonvilles !

SMIG ou SMIC ?
2 janvier 1970. L'ancien SMIG devient le SMIC : Salaire Minimum Interprofessionnel de Croissance. On fixe un standard minimum de rémunération pour un horaire mensuel donné, indexé sur la hausse des prix.

Kickers
Créée en 1970, la marque Kickers propose une large gamme de chaussures. Son fondateur, le Français Daniel Raufast a l'idée de créer une chaussure qui va pouvoir 'matcher' avec les jeans. C'est un nouveau concept, une chaussure faite en nubuck, ressemblant à une botte courte avec une semelle en caoutchouc naturel, des œillets et une couture en contraste comme les jeans. En 1974, les Kickers sont vendues dans plus de 70 pays !

Les écrivains nous quittent
1er septembre 1970. Le décès de François Mauriac, auteur de *Thérèse Desqueyroux, Le nœud de vipères* et *Les Thibault*. Le 9 octobre, l'écrivain et cinéaste Jean Giono connu pour ses romans *Regain, Le Hussard sur le toit* et *Les âmes fortes*, nous quitte.

Combien ça coûte ?
La baguette de 300 grammes coûte 60 centimes de francs soit 10 centimes d'euros, et en se basant sur le SMIC, elle est en proportion 2 fois moins chère aujourd'hui ! En effet, il faut 10 minutes de temps de travail pour se payer une baguette en 1970, et seulement 5 minutes en 2022. De même, pour l'essence qui vaut 1,10 francs, soit 0,17 euros le litre. Avec le même raisonnement basé sur le coût horaire du SMIC, l'essence est 2 fois moins chère aujourd'hui, étonnant non ?

Le look des années 70
C'est la décennie de la fluidité dans les matières et les coupes, avec une explosion de couleurs, de motifs variés et psychédéliques. New York devient la capitale de la mode, portée par des stylistes comme Halston. Ses créations sont minimalistes et confortables, portées par ses célèbres clientes dans des lieux emblématiques comme le Studio 54, et par le grand public par le biais de ses licences.

27 AVR 1970

L'écrivain et philosophe Jean-Paul Sartre accepte la direction du journal *La Cause du Peuple*.

MAI 1970

En France, 300 000 avortements sont pratiqués clandestinement par an.

15 JUN 1970

Des tornades ravagent Sarrebourg et les communes au nord de Toulouse.

1970

Concorde atteint Mach 2
4 novembre 1970. Avec aux manettes le légendaire pilote d'essai, André Turcat, le Concorde atteint enfin la vitesse de Mach 2, soit environ 2 155 km/h pendant plus de 50 minutes.

La discothèque 5-7 prend feu
1er novembre 1970. Drame immense en Isère, la discothèque prend feu accidentellement et 146 personnes périssent dans l'incendie. Cette affaire a au moins le mérite de modifier les normes de sécurité des établissements accueillant du public.

La censure sévit !
17-23 novembre 1970. Censure du journal satirique *Hara-Kiri*, le journal est interdit de parution à la suite d'un titre déplacé : « Bal tragique à Colombey : un mort », faisant allusion au décès du Général de Gaulle et à l'incendie de la discothèque le 5-7 : irrévérence totale !

L'autoroute A6 Paris-Lyon inaugurée
29 octobre 1970. Georges Pompidou, président de la République, inaugure lui-même l'autoroute au volant d'une Renault R16, c'est ce qu'on appelle « mouiller le maillot » !

L' A7 sous la neige !
29 décembre 1970. Des chutes de neige importantes, 60 à 80 cm vont faire vivre un cauchemar à 10 000 automobilistes bloqués sur l'autoroute A7 qui est fermée par la suite pendant 4 jours.

Régis Debray libéré
23 décembre 1970. Engagé aux côtés de Che Guevara, Debray est arrêté. Après 4 ans d'emprisonnement et de torture en Bolivie, il est enfin libéré.

Avalanche à Val d'Isère
10 février 1970. L'avalanche dévaste le centre UCPA de Val d'Isère. Le bilan est catastrophique : 46 morts et 37 blessés sur un total de 194 vacanciers. C'est un choc national. Une autre catastrophe surviendra quelques semaines plus tard amenant les autorités à prendre en compte les risques naturels et à être vigilants.

9 JUL 1970
La durée du service militaire est ramenée à 1 an par la loi Debré.

26 AOÛ 1970
Les militantes du Mouvement de Libération des Femmes (MLF) célèbrent la femme du soldat inconnu.

1 SEP 1970
Grève de la faim de 29 militants gauchistes emprisonnés pour obtenir le statut de prisonnier politique.

1970

POLITIQUE

L'adieu du Général de Gaulle
9 novembre 1970. La France pleure la perte du général Charles de Gaulle, qui décède à Colombey-les-Deux-Églises. Né en 1890, de Gaulle va jouer un rôle prépondérant lors de la Seconde Guerre mondiale en dirigeant la France libre depuis Londres à partir de 1940. Fondateur de la Cinquième République en 1958, il est alors élu président de la République. Sa politique à l'égard de l'Algérie (1954-1962) a été complexe, partant de la tentative de maintenir une Algérie française vers la reconnaissance de son indépendance. Ces événements ont entraîné des répercussions profondes en France et en Algérie, laissant des traces durables dans l'histoire et la mémoire collective des deux nations. Puis arrive Mai 68 à Paris et surtout le référendum du 27 avril 1969 après lequel il démissionne. De Gaulle reste une figure incontournable, célèbre pour son leadership, sa vision politique et son rôle dans la reconstruction de la France d'après-guerre.

ACTUALITES INTERNATIONALES

Le conflit israélo-arabe
L'URSS, début février, fait livrer de nombreuses armes à l'Egypte, en particulier des missiles sol-air et des canons terre-air. Malgré cela, la suprématie aérienne reste du côté israélien, surtout après l'énorme revers aérien pour les Russes : 5 avions MIG sont abattus le 30 juillet. Moscou fera alors pression sur les Egyptiens pour accepter un cessez-le-feu le 7 août.

Apollo 13 ou la guigne
14 avril 1970. La mission Apollo 13 emmène pour la troisième fois des êtres humains vers la Lune. Mais cette fois c'est un échec à cause de l'explosion du réservoir d'oxygène de la capsule, deux jours après le lancement de la fusée. A bord, l'astronaute Jack Swigert lancera un message resté célèbre : « Okay, Houston ... we've had a problem here ! » transformé dans le film éponyme de 1995 et prononcé par Tom Hanks : « Allo Houston, nous avons un problème ! »

Fin de la guerre du Biafra
15 janvier 1970. La guerre civile se termine au Nigeria. La région rebelle du Biafra capitule après trois années de guerre atroce.

10 OCT 1970
Inondations dans la région de Carcassonne où il tombe 200 mm de pluie en moins de 2 jours.

23 NOV 1970
Parution du premier numéro du magazine satirique *Charlie Hebdo*.

1 DÉC 1970
Le Vatican est sous le choc. Le divorce vient d'être autorisé en Italie.

1970

Tremblement de terre au Pérou
31 mai 1970. Avec une magnitude de 7,9 sur l'échelle de Richter, c'est la plus grande catastrophe naturelle à laquelle le Pérou a dû faire face. Le bilan sera effroyable : 75 000 morts, 25 000 disparus et 200 000 blessés.

Le barrage d'Assouan est prêt
21 juillet 1970. La construction du barrage d'Assouan sur le Nil en Égypte a duré dix ans et s'est enfin achevée en 1970. C'est un projet pharaonique : d'une hauteur de 111 mètres et d'une longueur de 3 830 mètres, le barrage a créé le lac Nasser, aidant à réguler les crues, à générer de l'énergie hydroélectrique et à soutenir l'agriculture dans la région.

Salvador Allende président du Chili
4 septembre 1970. Salvador Allende, leader socialiste, est élu président du Chili. Allende dirige le gouvernement de l'Unité populaire qui vise à mettre en œuvre des réformes sociales et économiques.

Septembre noir
'Septembre noir' fait référence aux événements dramatiques qui se déroulent en Jordanie de septembre 1970, jusqu'à l'été 1971. Le roi Hussein restaure l'autorité de la monarchie dans son pays suite à de nombreuses tentatives palestiniennes de le renverser. La violence des combats fera plusieurs milliers de morts.

Décès de Nasser
28 septembre 1970. Gamal Abdel Nasser décède d'une crise cardiaque à 52 ans. Nasser est devenu le deuxième président de l'Égypte en 1956. Fervent défenseur du panarabisme, il a nationalisé le canal de Suez provoquant la 'crise de Suez'.

Le cyclone de Bhola
12-13 novembre 1970. Le cyclone s'abat sur le Bengladesh, alors appelé Pakistan oriental et sur l'Inde. On estime le nombre de morts entre 300 000 officiellement et 500 000 officieusement.

Cendrier sur pied

Assad au pouvoir en Syrie
13 novembre 1970. Hafez El-Assad orchestre un coup d'État en Syrie, renversant le président Salah Jadid. C'est le troisième coup d'Etat que subit le pays depuis 1963. Hafez El-Assad devient président, inaugurant une période d'autoritarisme qui persiste avec son fils Bachar lui succédant en 2000.

1970

L'empire Virgin
L'homme d'affaires britannique Richard Branson donne de lui-même l'image d'un 'enfant terrible', doublé d'un hippie. Il se fait notamment connaître par le lancement du label musical Virgin en 1970, soutenu par le premier disque du multi-instrumentiste Mike Oldfield, *Tubular Bells*, un véritable succès mondial. Branson lancera en 1984 sa compagnie aérienne Virgin Atlantic. Il met en exergue ses marques de façon particulièrement spectaculaire. C'est ainsi que l'on peut lire sur la carlingue de ses avions « le mien est plus grand que le vôtre ».

 **DIVERTISSEMENT**

Willy Brandt sur les genoux
7 décembre 1970. Le Chancelier de la République Fédérale d'Allemagne, Willy Brandt, est salué dans les médias du monde entier lorsqu'il s'agenouille devant le monument rendant hommage aux victimes du ghetto de Varsovie.

MASH primé à Cannes
16 mai 1970. Le Grand Prix du Festival de Cannes est attribué au film *MASH* de Robert Altman. Le film dépeint la Guerre de Corée (1950-1953) avec une vision décalée, sous forme d'une comédie satirique. Le film inspirera plus tard une série télévisée.

Les années radicales
Le combat pacifiste des hippies fait bientôt place à des manifestations plus radicales. Des groupes de gauche comme La Rote Armee Fraktion en Allemagne ou les Brigades Rouges en Italie défrayent l'actualité par leur action violente, tout comme l'ETA en Espagne ou l'IRA en Irlande. Et d'autres actes terroristes comme ceux de l'OLP palestinien vont s'enchaîner : prises d'otages, détournement d'avions, attentats à la bombe font la une de la presse.

La copocléphilie !
Le milieu des années 60 et le début des années 70 coïncident avec un engouement sans pareil pour la collection des porte-clefs, véritables supports publicitaires qui se sont développés grâce à l'essor de la fabrication des objets en plastique.

1970

Aujourd'hui Madame
19 mai 1970. Première diffusion de cette émission de l'après-midi avec des reportages et des débats en plateau sur des thèmes de société intéressant le public féminin.

Côté cinéma…
L'ours et la poupée avec Brigitte Bardot et Jean-Pierre Cassel, est une comédie légère avec deux acteurs en vogue. Dans *Les choses de la vie* avec Michel Piccoli et la magnifique Romy Schneider où elle interprète *La chanson d'Hélène* sur une mélodie inventée par Philippe Sarde. On change de registre avec le film musical *Peau d'Ane* réalisé par Jacques Demy avec Jean Marais et Catherine Deneuve. L'oeuvre initiale dont s'inspire le film est un conte merveilleux de Charles Perrault écrit en 1694 !

Colargol, l'ours qui chante…
9 novembre 1970. C'est l'arrivée de l'émission *Les aventures de Colargol*, un petit ours qui chante : « C'est moi qui suis Colargol, l'ours qui chante en fa en sol. En do dièse en mi bémol. En gilet et en faux-col ». Le décor est poético-bucolique avec ses petits amis de la forêt. Dans ce même mois débute le dessin animé *Satanas et Diabolo* à la tête d'une escadrille de « bras cassés devant intercepter Zéphyrin le pigeon voyageur ! ».

Le dernier acte de Bourvil
23 septembre 1970. date du décès d'André Bourvil, de son vrai nom André Raimbourg. Il a marqué l'histoire du cinéma français par sa personnalité attachante et son talent polyvalent. Bourvil participe à de nombreuses comédies à succès, notamment aux

côtés de Louis de Funès dans *Le Corniaud* et *La Grande Vadrouille* ou *La traversée de Paris* avec Jean Gabin ou encore *Le cerveau* avec Jean-Paul Belmondo. On saluera aussi sa performance d'acteur dans un film plus sombre : *Le Cercle rouge*. Bourvil est également un chanteur populaire, interprétant des chansons humoristiques ou délicates comme *La Tendresse, Le petit bal perdu, Ballade irlandaise, Salade de fruits* et *Les crayons*.

Les Banana Splits
16 septembre 1970. Sortie d'une émission américaine de déjantés animée par *Les Banana Splits*, une équipe de musiciens rock sous des costumes de singe, chien, éléphant : un côté 'cartoon' et un peu hippie, un autre art de vivre, exotique à souhait !

1970

MUSIQUE

La fin des Beatles
Après des grandes périodes de tension et des désaccords artistiques, Paul McCartney annonce officiellement son départ des Beatles. Le 10 mai, le douzième et dernier album du groupe sort, c'est un carton dont la chanson éponyme *Let it be* occupera les premières places des ventes en Europe comme aux Etats-Unis.

La dernière chanson de Mariano
14 juillet 1970. Luis Mariano est considéré comme une icône de la chanson française, notamment grâce à son rôle dans des opérettes et opéras-comiques. Il connait une renommée internationale avec des succès tels que *Mexico* et *La Belle de Cadix*. Sa voix chaude et son charisme sur scène nous manqueront.

Chansons emblématiques
On se rappelle *Laisse-moi t'aimer* de Mike Brant, *L'aigle noir* de Barbara, *Les bals populaires* de Michel Sardou et *Ma vie c'est un manège* de Nicoletta. Côté anglo-saxon, on se souvient de *Bridge over troubled water* de Simon & Garfunkel (photo), de *In the Summertime* de Mungo Jerry et de *Lady d'Arbanville* de Cat Stevens.

Le festival de l'île de Wight
26 août 1970. L'un des premiers festivals de musique en plein air rassemble des milliers de jeunes sur l'île de Wight, dans la Manche. La scène y accueille notamment Procol Harum, The Doors, The Who, Jimi Hendrix, Supertramp et Joan Baez.

Feu Jimi Hendrix
18 septembre 1970. Le déjà légendaire guitariste américain Jimi Hendrix décède à l'âge de 27 ans d'une overdose de somnifères et/ou d'autres drogues. Ce musicien pionnier reste une référence et une légende.

1970

Les Doors ferment la porte
12 décembre 1970. Dernière prestation du groupe The Doors avec son chanteur Jim Morrison à La Nouvelle-Orléans. Sous l'emprise de la drogue, Jim casse tout sur scène et pourrit le concert par son attitude de forcené sans limite. Clap de fin pour lui sur scène avec le groupe.

Tu veux, tu veux pas
C'est la chanson d'une vie pour Marcel Zanini, chanteur, jazzman, clarinettiste : un million de disques vendus. On reconnaît aussi le succès d'une chanson à ses reprises : Brigitte Bardot en 1970, Evelyne Leclercq (présentatrice de télévision) en 1988, Régine, la diva des nuits parisiennes en 1996 ou encore Amel Bent (2012) puis Elodie Frégé (2013).

Avec le temps
Léo Ferré enregistre sa chanson la plus réussie *Avec le temps*. Il l'écrit après sa rupture avec sa seconde femme Madeleine Rabereau. Ferré lui reproche la mort de Pépée, la femelle chimpanzée qu'ils avaient adoptée et traitée comme leur fille. Sa déception amoureuse est grande. Elle aboutit à un divorce après des années de bataille juridique. La liste des reprises est gigantesque. Presque tous les grands artistes français, de Dalida à Henri Salvador, l'ont sorti. Il existe des versions en portugais, en coréen et en tunisien, et des grands noms du jazz comme Abbey Lincoln et Brad Mehldau s'approprient également *Avec le temps*.

Julien Clerc
Il est considéré comme l'une des figures emblématiques de la chanson française, ayant marqué plusieurs générations avec son style unique et ses mélodies intemporelles. Il se fait tout d'abord remarquer dans la comédie musicale *Hair*, puis il enchaine les succès avec des chansons comme *La Californie*, *Ce n'est rien* et *Si on chantait*. Au fil des décennies, Julien Clerc va changer de paroliers et explorer différents styles musicaux, passant du pop au jazz en passant par la variété française.

1970

Magma
Christian Vander fait un rêve inspirant sur l'avenir écologique et spirituel de la planète. Il crée alors Magma, un groupe qui combine le free jazz, la musique classique et l'art rock dans ce que Vander appelle le 'zeuhl'. Cela signifie céleste en 'kobaïen', une langue qu'il a lui-même inventée. Magma débute avec *Kobaïa*, le premier double album de l'histoire du rock français. Le disque raconte l'histoire d'un groupe de personnes fuyant la Terre condamnée pour aller vivre sur la planète Kobaïa. Magma ne devient jamais un grand succès commercial mais gagne des adeptes dans le monde entier.

MES 18 PREMIÈRES ANNÉES
TOP 10 — 1970

1. **Black Sabbath** Paranoid
2. **The Beatles** Let It Be
3. **Mike Brant** Laisse-moi t'aimer
4. **Joe Dassin** C'est la vie, Lily
5. **Léo Ferré** Avec le temps
6. **Elton John** Your Song
7. **M. Hamilton** Comme j'ai toujours envie d'aimer
8. **Mungo Jerry** In The Summertime
9. **Michel Sardou** J'habite en France
10. **Simon & Garfunkel** Bridge Over Troubled Water

Mike Brant
Sylvie Vartan est impressionnée par la performance de l'artiste israélien Moshe Brand à l'hôtel Hilton de Téhéran. Elle l'incite à tenter sa chance à Paris. Le jeune homme auditionne avec le célèbre parolier Jean Renard. Ce dernier, séduit par la voix et la présence de Moshe Brand, lui propose une composition que Johnny Hallyday et Dick Rivers ont refusé. *Laisse-moi t'aimer* de Mike Brant atteint la première place des charts français et israéliens. Le chanteur enchaîne les succès mais se suicide en 1975.

L'aigle noir
C'est la chanson emblématique de Barbara. Succès intemporel grâce aux paroles profondes, empreintes de mystère, intrigante, qui ont suscité plusieurs hypothèses quant à leur sens : référence au troisième Reich (Barbara est issue d'une famille juive alsacienne) ou d'un inceste de la part de son père ? On sent bien en tous cas dans cette chanson une intensité particulière, une émotion à fleur de peau. La chanson fait partie du patrimoine des chansons françaises au même titre que *Mistral gagnant* de Renaud ou *Ne me quitte pas* de Jacques Brel.

RÉPONSE PHOTOS Copyright 2024, TDM Rights BV.
Photos : **A** Bernard Cahier - Hulton Archive - Getty Images / **B** Alessandro Sabattini - Getty Images Sport - Getty Images / **C** Bernard Cahier - Hulton Archive - Getty Images / **D** Joel Arpaillange - Gamma-Rapho - Getty Images / **E** Keystone-France - Gamma-Keystone - Getty Images / **F** Bettmann - Getty Images / **G** Dominique Berretty - Gamma-Keystone - Getty Images / **H** Matt Stroshane - Getty Images / **I** Pierre Tetrel - Gamma-Rapho - Getty Images / **J** Bettmann - Getty Images / **K** Picture Alliance - Getty Images / **L** Mirrorpix - Getty Images / **M** Bettmann - Getty Images / **N** Ullstein bild - Getty Images / **O** Silver Screen Collection - Moviepix - Getty Images / **P** Michel Artault - Gamma-Rapho - Getty Images / **Q** Michael Ochs Archives - Getty Images / **R** United Archives - Hulton Archive - Getty Images / **S** Roger Viollet Collection - Roger Viollet - Getty Images / **T** Jean Pimentel - Sygma - Getty Images / **U** GAB Archive - Redferns - Getty Images / **V** Doug McKenzie - Hulton Archive - Getty Images / **W** Michael Ochs Archives - Getty Images / **X** Michel Ginfray - Gamma-Rapho - Getty Images.

1971

MES 18 PREMIÈRES ANNÉES

SPORT

L'année Merckx
Cette année-là, Eddy Merckx remporte 54 courses avec un ratio de 45% de victoires, inouï ! Il gagne en particulier le Tour de France, le championnat du monde et de nombreuses classiques : Paris-Nice, Milan-San Remo, Liège-Bastogne-Liège et le Grand Prix du Midi Libre. Avec son maillot Molteni, il va occuper le devant de la scène jusqu'en 1975.

Karatéka Valera
4 mai 1971. Dominique Valera va truster les titres européens de karaté de 1969 à 1972. Le 4 mai, il remporte le championnat d'Europe de karaté. Tout au long de sa carrière, il décroche des titres en tout genre, y compris celui de vice-champion du monde. Il est connu aussi comme coach sportif dans les films d'action dans les années 70/80.

Football au féminin
En 1921, l'Angleterre interdit le football féminin « indécent ». Changement de bord en 1969 : les femmes peuvent désormais jouer au football. Deux ans plus tard l'UEFA appelle les fédérations nationales à mettre un terme à cette interdiction.

Rugby à XIII vous connaissez ?
23 mai 1971. Il y a le rugby à XV que tout le monde connait, mais il y a aussi son cousin, le rugby à XIII ou jeu à XIII. En 1971, 14 équipes françaises se disputent le titre de champion de France : c'est Saint-Estève qui gagne 13 à 4 contre Saint-Gaudens.

Le combat du siècle
8 mars 1971. Le combat légendaire entre Muhammad Ali et Joe Frazier à New York est souvent appelé le 'combat du siècle'. Les deux boxeurs sont invaincus avant ce match. Frazier a réussi à prendre le dessus sur Ali à partir de la 12e reprise puis surtout à la 15e reprise avec un puissant crochet du gauche. Ali est compté, et Frazier remporte le combat par décision unanime. C'est la première défaite professionnelle d'Ali.

1 JAN 1971
La France compte 1 833 supermarchés et hypermarchés.

5 FEV 1971
Atterrissage sur la lune de la mission Apollo 14 et du module lunaire Antares.

29 MAR 1971
Le lieutenant William Calley est reconnu coupable du massacre en 1968 du village vietnamien My Lai.

1971

Double double !
6 juin 1971. Décidemment, Françoise Dürr persiste et signe, elle remporte à nouveau 2 titres en double : double dame et double mixte à Roland-Garros.

Champignon à tricoter

Marseille champion de France de football
L'Olympique de Marseille gagne le championnat devant Saint-Etienne. On retient particulièrement la rivalité des buteurs stars de chaque équipe, respectivement Josip Skoblar avec 44 buts et Salif Keïta 42 buts en 38 journées de championnat.

Cevert maître de la Formule 1
3 octobre 1971. Deuxième au Grand Prix de France derrière l'inaccessible Jacky Stewart, François Cevert remporte en octobre sa première victoire en Formule 1 au Grand prix des Etats-Unis sur le circuit de Watkins Glen. Il termine 3e au classement général.

 ACTUALITES

Ministre de la nature
7 janvier 1971. La création du ministère de la Protection de la nature et de l'environnement est un premier pas vers l'écologie, le poste est tenu par Robert Poujade.

Coco Chanel
10 janvier 1971. Gabrielle Chasnel dite Coco Chanel, née en 1883, vient d'un milieu modeste. Elle apprend le métier de couturière et cherche à s'émanciper en côtoyant les jeunes hommes de bonne famille. Elle crée sa première boutique vers 1910. Elle se fait ensuite connaître par ses parfums dont le fameux Numéro 5 de Chanel. Après la guerre, elle fera son grand retour à partir des années 50 avec en particulier son sac matelassé à chaine dorée.

Parcmètres à Paris
C'est autour de la Place des Pyramides que les premiers parcmètres sont installés à Paris. Pour la surveillance et les contraventions, une équipe 'd'aubergines' - des employées municipales vêtues d'une tenue couleur bordeaux - a été mise en place.

6 AVR 1971
Décès du compositeur russe Igor Stravinsky.

3 MAI 1971
Erich Honecker devient le nouveau dirigeant de l'Allemagne de l'Est.

26 JUN 1971
Jean-Paul Sartre est inculpé pour diffamation contre la police.

1971

Yves Saint Laurent se libère
29 janvier 1971. Yves Saint Laurent présente une collection de haute couture audacieuse baptisée Libération. Inspirée par la mode de la Seconde Guerre mondiale et influencée par Paloma Picasso, la collection choque avec ses manteaux en renard, chaussures compensées, turbans, et maquillages avant-gardistes.

Le Pont de Noirmoutier
7 juillet 1971. C'est l'inauguration d'un pont situé en Vendée, permettant d'accéder à l'ile de Noirmoutier. En parallèle, il existe toujours une autre route, le 'passage du Gois', plus de 4 kilomètres, dangereuse, car recouverte à marée haute.

Renault en grève
2 avril - 25 mai 1971. Gros mouvement de grève qui touchera jusqu'à 5 500 ouvriers au Mans, le 6 mai, et d'autres usines Renault suite à des ruptures d'approvisionnement de pièces. L'enjeu : une meilleure prise en compte des conditions de rémunération des ouvriers et une égalité salariale à travail égal.

Manifeste des 343
5 avril 1971. Paru dans *Le Nouvel Observateur*, ce manifeste rédigé par Simone de Beauvoir, va réunir des centaines de signatures dont 343 seront retenues par le magazine. C'est le début d'un processus inexorable vers la légalisation de l'avortement.

Les Halles de Paris détruites
12 juillet 1971. L'histoire commence par le transfert du marché des Halles à Rungis et à La Villette en 1969. Puis après 2 ans, la démolition commence. On note que 2 pavillons Baltard sont conservés, les autres bâtiments étant vendus en tant que ferraille.

Numerus Clausus pour les études de santé
12 juillet 1971. Une nouvelle loi doit limiter le nombre de prescripteurs et donc limiter la dépense de la sécurité sociale. Le Numerus Clausus est supprimé en 2020, bien trop tard, laissant aujourd'hui un manque cruel de praticiens dans des 'déserts médicaux'.

6 JUL 1971
Décès du trompettiste et chanteur légendaire, Louis Armstrong (69 ans).

15 AOÛ 1971
Le président américain Richard Nixon annonce la suspension de la convertibilité du dollar en or.

SEP 1971
Le Kenbak-1 devient le premier ordinateur personnel à circuits intégrés disponible dans le commerce.

1971

La Brigade Anti-Criminalité
1er octobre 1971. Il s'agit en fait de la première Brigade Anti-Criminalité (BAC) départementale à Saint Denis pour lutter au plus près la criminalité avec des méthodes « militaires ».

Piratage à Orly
3 décembre 1971. L'aventurier Jean Kay tente une prise d'otage à Orly dans un avion de la Pakistan International Airlines, Il réclame l'envoi immédiat de médicaments au Bangladesh. L'affaire tournera court avec son arrestation musclée.

Miss France
31 décembre 1970. La 41e élection de Miss France a lieu à l'Hôtel Frantel, à Rungis. Myriam Stocco, 21 ans, 1,75 m, Miss Languedoc 1970, remporte le titre et succède à Micheline Beaurain, Miss Paris 1969.

POLITIQUE

Les GAM gagnent du terrain
14 - 21 mars 1971. Lors des élections municipales, les Groupes d'Action Municipaux (GAM) constituent une sorte d'expérience de démocratie participative face aux groupes politiques classiques peu pragmatiques. On compte alors 150 GAM en France.

Mitterrand à la tête du Parti Socialiste
16 juin 1971. C'est à Epinay-sur-Seine que François Mitterrand devient le premier secrétaire du Parti Socialiste sur une idée d'union de la gauche et en vue des prochaines élections présidentielles.

Hotpants
À la fin des années 60, l'industrie de la mode tente de promouvoir la jupe midi ou jupe mi-longue. Mais le short très court devient vite plus populaire que la jupe. Le hotpant est l'héritage de la minijupe qui raccourcit d'année en année. Des stylistes comme Yves Saint Laurent, Valentino, Courrèges et Dior l' incluent dans leurs défilés.

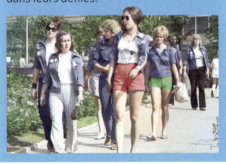

Rolodex

17 OCT 1971
Le journaliste et politicien Jean-Jacques Servan-Schreiber devient président du Parti radical.

15 NOV 1971
Intel lance la première puce électronique, la 4004.

DÉC 1971
Le prix Nobel de la paix est attribué au chancelier ouest-allemand Willy Brandt.

1971

ACTUALITES INTERNATIONALES

Droit de vote à la Suissesse
7 février 1971. Le droit de vote des femmes en Suisse se fait lors d'un référendum, voté seulement par des hommes, avec un résultat de 67,5%. Autre temps, autre considération !

Bangladesh
26 mars 1971. La région est du Pakistan - aujourd'hui Bangladesh - proclame son indépendance. Le Pakistan y procède à un génocide, alors que l'Inde apporte son aide au Bangladesh, ce qui déclenche un conflit entre les 2 pays qui se termine après 13 jours.

Le 'boucher de l'Afrique'
25 janvier 1971. Le général Idi Amin Dada prend le pouvoir en Ouganda, profitant d'un voyage à l'étranger du président en place, Milton Obote. Le général se transforme vite en dictateur impitoyable et sanguinaire, ce qui lui vaudra le surnom de 'boucher de l'Afrique'.

Bébé Doc
21 avril 1971. 'Bébé Doc' Jean-Claude Duvalier, devient à 19 ans le nouveau président d'Haïti après la mort de son père François Duvalier. Son règne est marqué par des violations des droits humains, des milliers d'assassinats, et par la fuite massive de citoyens. Malgré la pauvreté du pays, il va mener un train de vie somptueux, en étant impliqué dans le trafic de drogue et d'organes.

Le conflit Nord-Irlandais
6 février 1971. Ce conflit oppose les nationalistes catholiques, qui souhaitent une Irlande unifiée, aux unionistes protestants, favorables au maintien de l'Irlande du Nord au sein du Royaume-Uni. L'IRA, les groupes paramilitaires protestants ainsi que les forces de sécurité britanniques, sont des acteurs majeurs. Le Good Friday Agreement ouvre la voie à une paix durable en établissant un gouvernement décentralisé en Irlande du Nord.

Greenpeace
L'organisation écologiste Greenpeace fait parler d'elle lorsqu'elle proteste contre la décision américaine d'effectuer des essais nucléaires en Alaska. Le bateau de Greenpeace est intercepté alors qu'il se dirige vers l'île où doivent avoir lieu les essais. Mais les Américains finissent par renoncer aux essais. Greenpeace se battra aussi contre les essais nucléaires français.

1971

Une vague d'indépendance
Trois pays du Moyen-Orient trouvent leur indépendance : le Royaume du Bahreïn, le Qatar et les Emirats arabes unis.

Ordre de tirer
3 mai 1971. Erich Honecker succède à la tête du Conseil de défense Est-allemand à Walter Ulbricht. Il cherche le rapprochement avec l'Allemagne de l'Ouest. Mais à l'intérieur de son pays, les gens sont encouragés à s'espionner entre eux et au moindre pas de travers, ils se retrouvent dans les geôles de la Stasi (sécurité d'Etat). Honecker donne aux garde-frontières l'ordre de tirer sur toute personne qui tenterait de franchir la frontière avec l'Allemagne de l'Ouest.

Okinawa restitué au Japon
17 juin 1971. Plus de 25 ans après la fin de la guerre entre le Japon et les Etats-Unis, l'archipel Ryūkyū et l'archipel d'Okinawa sont rendus au Japon.

Persépolis
12-16 octobre 1971. L'Iran organise de somptueuses célébrations pour marquer le 2 500ᵉ anniversaire de la fondation de l'Empire Perse par le roi Cyrus le Grand (-530 avant JC). La 'Cérémonie de Persépolis' a lieu sur le site historique de Persépolis, ancienne capitale de l'Empire Perse. L'événement est soigneusement orchestré par le Shah Mohammad Reza Pahlavi pour promouvoir le nationalisme iranien et souligner l'ancienneté et la grandeur de la civilisation perse.

Les prémices d'internet
Aux Etats-Unis, des informaticiens parviennent à connecter 23 ordinateurs au réseau ARPANET, précurseur d'internet, développé à la demande du ministère de la Défense. Ces ordinateurs sont installés dans diverses universités. Avant la fin de l'année, le programmeur Ray Tomlinson parvient à envoyer un premier e-mail (courriel) vers un second ordinateur. Il utilise pour la première fois le symbole @ (arobase).

Du Congo au Zaïre
27 octobre 1971. Sous la houlette de Mobutu, le Congo (ex-belge) devient le Zaïre jusqu'au renversement du dictateur en 1997. Le pays reprend alors le nom de République démocratique du Congo.

Médecins Sans Frontières
20 décembre 1971. La Croix Rouge voit son travail perturbé pendant la guerre sanglante qui ravage le Biafra. 2 médecins français, Bernard Kouchner et Max Récamier, ne peuvent plus supporter d'assister à une situation à laquelle ils ne peuvent rien changer, alors que des milliers de personnes meurent de la guerre ou de la faim. Ils décident alors de mettre sur pied leur propre organisation. C'est ainsi que naît Médecins Sans Frontières.

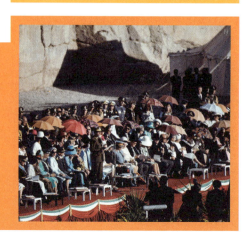

1971

 DIVERTISSEMENT

Les nouvelles aventures de Vidocq
5 janvier 1971. Une série emblématique, nouvelle version donc jouée par Claude Brasseur (Vidocq), Danièle Lebrun (la baronne Roxane, un peu équivoque) et Marc Dudicourt dans un inspecteur Flambart truculent.

L'adieu de Fernandel
26 février 1971. Fernandel, acteur, chanteur et humoriste français, n'est plus. Son visage expressif et son accent marseillais vont contribuer à créer un personnage chaleureux et comique. Il va jouer dans plus de 130 films, tels que *Marius* et *Fanny*. On se souvient aussi de son rôle de Don Camillo.

A l'école
L'école, ce sont des odeurs comme le duplicateur à alcool pour faire des copies de documents à l'écriture violette. On repense aussi au calcul mental avec les ardoises et les craies ou encore la colle blanche à l'odeur d'amande. A l'extérieur on s'amuse aussi avec les vélos où on coince des cartes à jouer avec une épingle à linge pour faire du bruit, on peut aussi décorer les rayons avec les capsules plastiques de couleur des bouteilles de vin !!!

Les Six Compagnons
Dans la série de livres *Les Six Compagnons*, écrite par Paul-Jacques Bonzon, six garçons, une jeune fille et un chien mènent des enquêtes à La Croix-Rousse, un quartier de Lyon.

Arsène Lupin
18 mars 1971. Deux saisons pleines de péripéties avec un Arsène Lupin hyper classe en la personne de Georges Descrières. Belles voitures, belles femmes, des costumes d'époque, des bijoux (parfois volés), c'est une évasion à chaque épisode. On notera aussi le succès de deux chansons du générique interprétés par Jacques Dutronc : *L'Arsène* et *Gentleman Cambrioleur*.

1971

Albert Simon
7 avril 1971. Albert Simon est un homme de radio français, longtemps chargé du bulletin météorologique de la station Europe 1. Sa voix chevrotante, marquée par un accent levantin prononcé est restée dans la mémoire collective. En 1971 il apparaît, dans son propre rôle, au début du film *Laisse aller... c'est une valse* de Georges Lautner, dans les studios d'Europe 1.

Oum Le Dauphin
30 novembre 1971. Une série d'animation franco-japonaise autour d'un dauphin Oum, de Yann (13 ans), de sœur Marina (7 ans) et de quelques animaux. C'est léger, c'est frais, la musique du générique est composée par Michel Legrand qui interprète lui-même la chanson.

Autocollants Panini
Les enfants peuvent improviser avec une petite balle des matchs de football, ils jouent aussi à différents jeux de billes et s'échangent des cartes autocollantes Panini sur le foot, le cyclisme, la moto, etc.

Simone Signoret
Elle fait partie des actrices françaises de référence. Elle remporte l'Oscar de la meilleure actrice en 1960 pour son rôle dans le film *Les chemins de la Haute Ville*. Simone Signoret va jouer dans une grande variété de films, abordant des rôles complexes et nuancés. Nous retenons *Casque d'Or* (1952), *Les Diaboliques* (1955), *Le chat* (1971) et *La Vie devant soi* (1977).

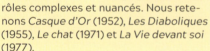

Le bodyboard
Le bodyboard est une planche courte et rectangulaire pour glisser sur les vagues, un parent éloigné du surf, où les participants se positionnent le ventre contre la planche et utilisent leurs bras et leurs palmes pour manœuvrer à travers les vagues, effectuant des virages et des figures codifiées. Ce sport est pratiqué dans les zones côtières avec des vagues propices.

Alice
Dès 1955, la série *Alice* (détective) en provenance des Etats-Unis, arrive en France à partir des années 1955, jusqu'en 1974. Toujours le thème des enquêtes, mais cette fois-ci, c'est une héroïne féminine : Alice !

1971

Une série napoléonienne !
23 décembre 1971. Schulmeister espion de l'Empereur, interprété par Jacques Fabbri et sa voix particulière, est une série sur deux saisons inspirée de la vraie vie de Charles Louis Schulmeister. Costumes et décors de l'époque avec un brin d'humour et quelques pincées d'action pour un cocktail réussi dans ce genre si particulier.

1, 2, 3 Soleil
La cour de récréation est un lieu d'échanges, d'animation et de jeux. On y joue aussi bien au loup, à chat perché, à '1,2,3 Soleil', à cache-cache, à la marelle, ou on jette un caillou sur un dessin au sol avec des numéros, puis il faut parcourir le dessin à cloche-pied, ramasser la pierre au retour et recommencer avec la case numéro 2 et ainsi de suite.

Michel
Un héros et le nom d'une série de 39 romans d'aventures pour la jeunesse écrite par Georges Bayard de 1958 à 1985. C'est un adolescent de 15 ans qui vit en Picardie dans une famille classique. Il joue les détectives amateurs avec son cousin Daniel, ses amis Arthur et Martine, car il se retrouve souvent confronté à des situations mystérieuses.

MUSIQUE

Pour un flirt
19 mai 1971. Michel Delpech cherche une face B pour son single *Le blé en herbe*. Il écrit rapidement trois mots sur un bout de papier : « pour un flirt ». *Pour un flirt* devient le tube européen de l'été 1971.

Le jeu Pièges !
Ce jeu de société très simple marque son époque par des parties animées. Le principe est de faire tomber des billes dans des trous avec des systèmes de tirettes ouvrant ou fermant des trappes ou pièges, d'où le nom du jeu, un hit !

Histoire de Melody Nelson
24 mars 1971. Sortie du premier album conceptuel de Serge Gainsbourg. Il travaille sur une histoire semi-autobiographique inspirée de *Lolita*, le livre de Nabokov. L'album a une influence durable. Air, Arctic Monkeys, Beck et Portishead s'en inspireront.

Le Ciné-Club
10 octobre 1971. Une émission consacrée au cinéma dit 'classique', diffusée le dimanche soir. Le générique est joué à l'orgue de barbarie et marque les esprits d'environ un million de fidèles, en quête de chefs-d'œuvre oubliés : une véritable cinémathèque à la maison.

1971

MES PREMIÈRES ANNÉES
TOP 10 — 1971

1. **Paul Anka** She's A Lady
2. **Joan Baez** Here's to You
3. **Julien Clerc** Ce n'est rien
4. **Michel Delpech** Pour un flirt
5. **Serge Gainsbourg** Ballade de Melody Nelson
6. **Led Zeppelin** Stairway to Heaven
7. **John Lennon** Imagine
8. **Gilbert Montagné** The fool
9. **Nicoletta** Mamy blue
10. **Les Poppys** Non, non, rien n'a changé

Open | Search | Scan

Club des 27
3 juillet 1971. Le chanteur Jim Morrison quitte son groupe, les Doors. Il déménage à Paris pour y écrire des poèmes et des textes de théâtre. Le 3 juillet, il est retrouvé mort dans sa baignoire. Morrison rejoint le 'Club des 27' de Brian Jones, Janis Joplin, Jimi Hendrix et Alan Wilson qui meurent tous à 27 ans. Il sera enterré au cimetière Père-Lachaise où sa tombe attirera le monde entier.

Ce n'est rien
Julien Clerc obtient son premier succès avec *Ce n'est rien*. Le chanteur a acquis une grande notoriété en jouant le rôle principal dans la version française de la comédie musicale *Hair*. Dans les années 1970, les succès s'enchaînent avec des chansons comme *Si on chantait*, *This melody*, *Elle voulait qu'on l'appelle Venise* et *Hélène*.

Mamy Blue
Un succès foudroyant, écrite par Hubert Giraud, la chanson sera d'abord interprétée en italien, puis en anglais et enfin en français par l'immense Nicoletta, un vrai tube en Europe, qui résonne encore de nos jours.

Smoke on the Water
4 décembre 1971. Un incendie lors d'un concert de Frank Zappa au casino de Montreux inspire le groupe Deep Purple pour leur tube *Smoke on the Water*.

Louis Armstrong
6 juillet 1971. Louis Armstrong est un légendaire trompettiste et chanteur de jazz américain, né en 1901. Il décède en 1971. Il est considéré comme un des pionniers du jazz, après avoir révolutionné l'improvisation musicale avec son style unique. Il a aussi marqué l'histoire du jazz avec des enregistrements emblématiques tels que *What a Wonderful World* et *Hello, Dolly!*

RÉPONSE PHOTOS Copyright 2024, TDM Rights BV.
Photos: **A** Ullstein Bild - Getty Images / **B** Universal - Sygma - Getty Images / **C** Bettmann - Getty Images / **D** Apic - Hulton Archive - Getty Images / **E** Reg Lancaster - Hulton Archive - Getty Images / **F** Guy Thouvenin - Gamma-Rapho - Getty Images / **G** Hulton Archive - Getty Images / **H** Larry Ellis - Hulton Archive - Getty Images / **I** Ullstein Bild - Getty Images / **J** Keystone - Hulton Archive - Getty Images / **K** Bettmann - Getty Images / **L** Bettmann - Getty Images / **M** Ullstein Bild - Getty Images / **N** Mondadori Portfolio - Mondadori Portfolio Editorial - Getty Images / **O** Apic - Hulton Archive - Getty Images / **P** Sunset Boulevard - Corbis Historical - Getty Images / **Q** Richard Phelps - Gamma-Rapho - Getty Images / **R** INA - Getty Images / **S** Monique Jacot - Gamma-Rapho - Getty Images / **T** Laurent Maous - Gamma-Rapho - Getty Images / **U** Don Bartletti - Los Angeles Times - Getty Images / **V** Richard Phelps - Gamma-Rapho - Shutterstock / **W** Hulton Archive - Getty Images / **X** Stills - Gamma-Rapho - Getty Images / **Y** Bruno de Hogues - Gamma-Rapho - Getty Images / **Z** Jorgen Angel - Redferns - Getty Images.

1972 — MES 18 PREMIÈRES ANNÉES

SPORT

Bobby Fischer champion d'échecs
Le Championnat du Monde d'Échecs, surnommé le 'Match du Siècle', oppose Boris Spassky de l'Union soviétique, à l'américain Bobby Fischer. Le match se tient à Reykjavik, en Islande. Fischer remportera le match avec 12,5 points contre 8,5.

L'OM réalise son premier doublé
L'Olympique de Marseille remporte le championnat de France devant le Nîmes Olympique et remporte aussi la coupe de France contre le Sporting Club de Bastia 2-1. Ça chauffe sur la Canebière.

Jeux d'hiver à Sapporo
3 - 13 février 1972. Aux jeux olympiques d'hiver la France finit 16ème avec une médaille d'argent en ski alpin pour Danièle Debernard, une médaille de bronze en ski alpin pour Florence Steurer et une médaille de bronze en patinage artistique pour Patrick Péra.

Victoire française aux 24h du Mans
11 juin 1972. Après des succès italiens, américains et allemands, c'est au tour de l'automobile française de se distinguer en remportant très largement les 24h du Mans, avec un beau doublé à la clé. C'est Henri Pescarolo (cocorico !) et Graham Hill qui remportent la victoire devant François Cevert et Howden Ganley.

Patrick Proisy à Roland Garros
4 juin 1972. Patrick Proisy se hisse en finale de Roland-Garros après un beau parcours, mais s'incline lourdement en finale contre l'Espagnol Andrès Gimeno en 4 sets, les derniers 6-1, 6-1. Son meilleur classement mondial se situera à la 23ème place.

---

1 JAN 1972
Le décès du chanteur Maurice Chevalier qui a sorti son premier disque *A la gare/La poupée animée* en 1920.

11 FEV 1972
Les vents atteignent 150 km/h sur la pointe de la Bretagne et 140 km/h sur le pays basque.

24 MAR 1972
Inauguration du 'Turbotrain', le prédécesseur du futur TGV.

1972

Basso champion du monde
6 août 1972. L'Italien Marino Basso bat Franco Bitossi, Cyrille Guimard, Eddy Merckx et Joop Zoetemelk au championnat du monde de cyclisme à Gap.

ACTUALITES

Lancement de la Renault 5
28 janvier 1972. Un véhicule mythique fabriqué à plus de 5,7 millions d'exemplaires. Le 5 fait référence aux 5 CV fiscaux de la voiture dans son modèle initial. Les gammes se multiplieront dont certaines sportives, Renault 5 Alpine, Renault 5 Alpine Turbo, La Renault 5 Turbo 1 et 2 qui gagnera de nombreuses courses dans les années 1980 : Monte-Carlo 1981 ou rallye de Corse 1982.

Médailles à Munich
26 août - 11 septembre 1972. La France obtient 13 médailles aux Jeux Olympiques d'été à Munich. Daniel Morelon remporte la médaille d'or en cyclisme sur piste et Serge Maury en voile. Pour la première fois dans l'histoire des Jeux, le judo tricolore a brillé, s'adjugeant 3 médailles de bronze. Au total, les Bleus montent 13 fois sur les podiums, avec 2 titres olympiques en cyclisme sur piste et en voile, Guy Drut sur le 110m haies ayant échoué à décrocher l'or pour seulement un dixième de seconde.

Le décret sur la contraception
8 mars 1972. Le décret d'application de la loi Neuwirth autorise après la pilule, l'utilisation du stérilet intra-utérin.

L'affaire de Bruay
6 avril 1972. Brigitte Dewevre (15 ans) est retrouvée morte. Très rapidement, un suspect est désigné, le notaire Pierre Leroy et sa maîtresse Monique Béghin-Mayeur. Faute de preuves, ils vont être relâchés. Jean-Pierre Flahaut (17 ans) va tout avouer. Puis il reviendra sur ses aveux et sera acquitté.

Hockey sur glace
28 septembre 1972. 4 matchs au Canada, puis 4 matchs en Union Soviétique. Après d'âpres confrontations, physiques, tendues, c'est le Canada qui remportera ce choc des 2 blocs, par 4 victoires, un nul et 3 défaites, le dernier match finissant sur le score de 6 à 5 en faveur du Canada à Moscou, dantesque !

Pas d'école
En cette rentrée 1972, la journée de repos des enfants passe du jeudi au mercredi, équilibrant beaucoup mieux la semaine scolaire.

23 AVR 1972
Les Français acceptent l'élargissement de la CEE à la Grande-Bretagne, l'Irlande, au Danemark et à la Norvège.

26 MAI 1972
La RDA et la RFA signent un traité consacrant la division de l'Allemagne en deux états.

JUN 1972
On compte environ 100 000 victimes hutus dans une guerre civile au Burundi.

1972

Bataille du lait
23 mai 1972. Des camions de collecte de lait sont interceptés par des groupes de paysans qui réclament une augmentation du prix du lait aux laiteries et coopératives. La 'grève du lait' s'étend rapidement à l'ensemble du Finistère et du Morbihan et à une partie de la Loire-Atlantique et se solde par un accord.

Effondrement du pont de Vierzy
16 juin 1972. L'effondrement partiel d'un vieux tunnel datant du XIXième siècle en cours de réfection entraîne le déraillement et la collision de trois trains. Le bilan sera lourd : 108 victimes et 111 blessés.

1er McDo de France
30 juin 1972. Sous la houlette de Raymond Dayan, le 1er restaurant McDonald's de France ouvre ses portes à Créteil. Les débuts vont être laborieux au pays des fins gourmets.

Camp militaire sous feu
14 juillet 1972. 20 000 personnes manifestent contre l'extension du camp militaire du Larzac. Le combat se soldera par l'arrêt du projet en 1981 décidé par François Mitterrand.

L' affaire du talc Morhange
Cette affaire concerne l'empoisonnement de nourrissons par du talc en France dans les années 1970. Relayé par *Le Monde* le 17 août 1972, elle a entraîné la mort de 36 enfants et l'intoxication de 168 autres, conduisant à une indemnisation 6 ans plus tard sous la pression d'enquêtes journalistiques.

Premier vol de l'Airbus A300
28 octobre 1972. C'est le premier modèle commercial d'Airbus, il va être produit sous différentes versions. C'est la première pierre du constructeur européen face à Boeing.

Blocs flash

Les derniers billets en francs
1er novembre 1972. Au milieu des années 1960, la Banque de France lance une nouvelle série de personnages illustres, allant du 5 francs Pasteur au 500 francs Pascal. Le dernier billet de 5 francs est privé de cours légal le 1er novembre 1972, le dernier billet de 10 francs le 15 septembre 1986.

---

1 JUL 1972
La loi Pleven, relative à la lutte contre le racisme, est votée à l'unanimité par le Parlement français.

AOÛ 1972
Le nageur américain Mark Spitz gagne 7 médailles d'or aux Jeux Olympiques.

21 SEP 1972
Décès du romancier Henry de Montherlant, connu pour *Les jeunes filles* et la pièce de théâtre *La reine morte*.

1972

Bontems et Buffet exécutés
28 novembre 1972. Ils font partie des derniers exécutés français, le sujet devient de plus en plus polémique en France surtout que l'un des deux n'a tué personne, il a été certes complice, mais n'a pas commis l'acte.

Les disparus de Boutiers
24 décembre 1972. Affaire non élucidée en Charente, près de Cognac. Une famille entière disparait, la famille Méchinaud, les 2 parents et leurs 2 enfants de 4 et 7 ans. Le soir du réveillon, ils retournent chez eux à 4km de distance de chez leurs amis, ils n'arriveront jamais à destination et personne ne les reverra jamais.

Programme commun PS, PC et MRG
27 juin 1972. Accord d'idées en vue de la prochaine élection présidentielle ! Le Parti Socialiste jusqu'ici plus proche des centristes, change de cap pour se rapprocher de la gauche.

Jean-Marie Le Pen crée le FN
5 octobre 1972. C'est rue de Grenelle, à la salle des Horticulteurs, qu'est créé le FN (Front national) lors d'une réunion avec 70 personnes. Pendant les 10 premières années, le mouvement va rester marginal.

ACTUALITES INTERNATIONALES

POLITIQUE

Le mémorial de Colombey
18 juin 1972. Une immense Croix de Lorraine de 44 mètres de haut revêtue d'un parement de granit rose va devenir le Mémorial du Général de Gaulle en cette journée symbolique du 18 juin, le fameux appel de 1940 depuis Londres.

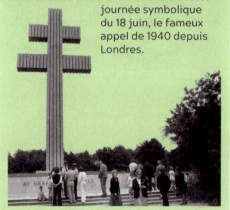

Survivre à un crash
26 janvier 1972. A 10 160 mètres d'altitude, une bombe fait exploser l'avion DC-9 de la compagnie JAT qui s'écrase en république Tchèque. Vesna Vulovic, hôtesse de l'air, est attachée à son siège au fond de l'appareil, elle va 'atterrir' dans son fauteuil dans de la neige qui amortira grandement le choc. Malgré 2 fractures aux jambes, 3 fractures aux cervicales, une fracture du crâne et des crises d'amnésie, elle se remettra de toutes ses blessures, remarchera et vivra jusqu'à 66 ans.

25 OCT 1972
Un troupeau de 60 brebis est conduit par des paysans du Larzac sur les pelouses du Champ-de-Mars à Paris.

8 NOV 1972
Une jeune fille (16 ans) est relaxée après avoir avorté, à la suite d'un viol, dans le Procès de Bobigny.

30 DÉC 1972
Reprise des négociations de Paris sur le Viêt Nam, fin des bombardements massifs des Etats-Unis.

1972

Bloody Sunday
30 janvier 1972. Dans la ville nord-irlandaise de Londonderry, 15 000 personnes, parmi lesquelles de nombreux jeunes, manifestent contre l'opération 'Demetrius'. Celle-ci a mené à l'emprisonnement de près de 2 000 personnes soupçonnées par les autorités britanniques d'être proches du groupe paramilitaire IRA. Les militaires britanniques tirent à balles réelles sur les manifestants pacifiques. 14 d'entre eux perdront la vie.

Bokassa président à vie
2 mars 1972. Jean-Bedel Bokassa s'auto-proclame président à vie de la République Centrafricaine.

Accords SALT 1
26 mai 1972. Les négociations entamées en 1969 sur la non-prolifération des armes stratégiques aboutit à un premier accord SALT 1 (Strategic Arms Limitation Talks) entre Les Etats-Unis et l'Union Soviétique sur les armes offensives et défensives.

La photo déchirante
8 juin 1972. Peu après le bombardement dévastateur au napalm sur le village vietnamien de Trang Bàng, le photographe d'Associated Press Nick Ut prend l'une des photos de guerre les plus célèbres. Elle montre Phan Thi Kim Phúc, une enfant en pleurs courant sur une route, victime de brûlures causées par le napalm et suivie par d'autres enfants. Ils fuient leur village bombardé.

Nixon triomphe
21 février 1972. Richard Nixon est le premier président américain à rendre visite à la Chine. Sa rencontre historique avec le président Mao intervient après une période de 25 ans pendant laquelle Américains et Chinois se sont ostensiblement ignorés. On reparle donc de relations diplomatiques entre les deux états. Nixon accomplira au mois de mai une autre visite historique, en Union Soviétique cette fois. Le président américain et le chef du Kremlin Leonid Brejnev concluront une série de traités prévoyant la réduction drastique de leur arsenal nucléaire. Un tournant de la Guerre froide !

Nixon s'écroule
17 juin 1972. Nixon finit par déraper. L'affaire Watergate commence le 17 juin, lorsque 5 cambrioleurs sont appréhendés au quartier général du parti démocrate installé dans l'immeuble Watergate à Washington. Les journalistes du quotidien *The Washington Post* établiront un lien entre ce cambriolage et la campagne du président Nixon. Nixon nie les accusations mais sera contraint à la démission en 1974.

1972

Septembre noir
5 septembre 1972. Neuf membres du groupe terroriste palestinien Septembre noir enlèvent 11 athlètes et accompagnateurs de la délégation israélienne dans le village olympique à Munich. Ils  exigent la libération de 200 palestiniens emprisonnés en Israël et de membres du groupe terroriste allemand Rote Armee Fraktion arrêtés en Allemagne. Un assaut des forces de l'ordre allemandes se solde par un échec : les Israéliens et 5 des 9 terroristes sont tués.

Crash dans les Andes
13 octobre 1972. Un avion uruguayen s'écrase sur un glacier des Andes, à la frontière entre l'Argentine et le Chili. 16 des 45 passagers sont encore en vie. Ils parviendront à survivre pendant 72 jours dans une température glaciale. Ils mangeront même de la viande prélevée sur des passagers décédés. Une avalanche cause 8 morts supplémentaires.

Fin des missions Apollo
7 - 19 décembre 1972. La mission Apollo 17 permet de récupérer 110 kg d'échantillons lunaires, le module lunaire d'exploration aura parcouru 36 km pour une sortie totale en 3 jours de 21h19. Le retour sur terre de la capsule met fin au programme éponyme. Les astronautes Cernan et Schmitt resteront les derniers à avoir mis un pied sur la lune.

Calculatrice de poche
Hewlett-Packard met sur le marché sa première calculatrice de poche à usage scientifique : la HP-35. Elle sonne le glas de la règle à calcul (règle graduée et munie d'une pièce coulissante permettant de réaliser diverses opérations de calcul). Le nouvel instrument pèse 248 grammes, mesure 15 X 8,1 cm. et coûte 395 dollars.

Les limites de la croissance
C'est en 1972 que paraît le rapport *Les limites à la croissance*, commandé par le Club de Rome, un cénacle réunissant des experts internationaux et des industriels de 52 pays. L'étude montre que les perspectives d'évolution de l'humanité ne sont pas bonnes : surpopulation, pollution de l'environnement et épuisement des matières premières. Le rapport aura un impact important sur la prise de conscience des problèmes environnementaux. Les produits lessiviels contenant des phosphates seront bientôt la cible de toutes les critiques, accusés de polluer fleuves et rivières. Il en sera de même pour les aérosols et les frigos anciens, auxquels on reproche d'agrandir le trou dans la couche d'ozone.

DIVERTISSEMENT

La Demoiselle d'Avignon
Dès janvier, c'est l'apparition d'une série romantique *La Demoiselle d'Avignon* avec la ravissante Marthe Keller (la princesse Koba de Kurlande) et le séduisant diplomate (François Fonsalette) Louis Velle, une belle romance sur fond de fouilles archéologique dans le sud de la France et de voyage en Mer Baltique.

1972

Avoir 20 ans dans les Aurès
12 mai 1972. Sortie du film *Avoir 20 ans dans les Aurès* de René Vautier. En avril 1961, dans le massif de l'Aurès en Algérie, un commando breton affronte l'Armée de libération nationale, faisant un prisonnier. Un instituteur, soldat blessé, se souvient de leur opposition à la guerre, conduisant à un camp d'insoumis. Leur chef, le lieutenant Perrin les transforme en chasseurs redoutables, éveillant un goût pour la violence. Tous cèdent, sauf lui, à l'escalade de la brutalité.

Le Parrain
En février, c'est *L'inspecteur Harry* joué par Clint Eastwood qui vient faire du ménage avec son Magnum 357. En octobre, c'est la sortie du film *Le Parrain*, réalisé par Francis Ford Coppola et joué par Marlon Brando et Al Pacino. Le film va gagner 3 Oscars.

Un Oscar pour Chaplin
23 avril 1972. Lors de la remise de son prix, Chaplin reçoit la plus longue ovation connue à ce jour pendant les Oscars: 12 minutes ! Puis il repart avec sa statuette de Los Angeles à Londres et termine sa course folle en Suisse, son lieu de villégiature.

Orange Mécanique
Le film de Stanley Kubrick est tiré du roman d'Anthony Burgess. L'histoire se déroule dans un futur dystopique où Alex, un jeune délinquant, est emprisonné puis soumis à une thérapie de conditionnement pour contrôler sa violence.

En salle
C'est le film *Le dernier tango à Paris* avec Marlon Brando qui va faire parler de lui avec des scènes sexuelles osées pour l'époque. Avec 3,8 millions de spectateurs, la comédie *L'Aventure, c'est aventure* fait un carton avec une pléiade de vedettes. Toujours dans le registre de la comédie on se souvient de Pierre Richard et de Mireille Darc dans *Le Grand Blond avec une chaussure noire*. On n'oubliera pas non plus *César et Rosalie*, avec Romy Schneider et Yves Montand. Egalement à l'affiche : *Nous ne vieillirons pas ensemble* avec Jean Yanne qui obtiendra la Palme d'Or du meilleur acteur à Cannes pour ce rôle.

1972

Les Carpentier
Emissions de variétés par excellence, les *Top à* de 1972 à 1974, dirigées par les Maritie et Gilbert Carpentier vont faire la part belle aux chanteurs. Un invité principal reçoit sa bande de copains. L'ambiance est à l'amusement dans des décors parfois baroques ou cocasses et toujours avec des duos improbables.

Jean Yanne
Jean Yanne, est un acteur, réalisateur, scénariste, humoriste français, auteur aussi et même chanteur. On le connaît pour son humour caustique et son franc-parler. Il joue dans de nombreux films français à succès, souvent dans des rôles comiques, satiriques, mais aussi dramatiques, et remporte plusieurs prix pour son travail dans le cinéma. Jean Yanne écrit le livre *L'Apocalypse est pour demain* mi-trash, mi-poétique. Il restera reconnu pour sa personnalité excentrique et décalée comme son rôle dans le film *Week-end* (1967).

La mode hippie
La mode vestimentaire inspirée des tenues hippies de la fin des années 60 déteint sur le début de la décennie suivante, mais dans un registre moins exubérant. Hommes et femmes portent des vêtements de rue serrants, colorés, parfois sans manches, des pantalons à jambes larges, ou élargies sous les genoux.

Amicalement vôtre
3 octobre 1972. 24 épisodes seulement feront de cette série, une série culte passée et repassée à la télévision française. Les raisons du succès ? 1 générique innovant sur une musique de John Barry, 2 acteurs séduisants, Tony Curtis (Dany Wilde) au volant d'une Dino Ferrari et Roger Moore (Lord Brett Sinclair) au volant d'une Aston Martin DBS. Ce sont 2 hommes d'affaires désœuvrés, diamétralement opposés, l'un américain direct et espiègle sorti des bas-fonds New-yorkais et l'autre anglais, noble, calme et posé.

Columbo
20 décembre 1972. C'est l'arrivée de la série policière ô combien célèbre *Columbo* avec Peter Falk, son chien et la 403 cabriolet sans oublier son imper 'miteux'. L'originalité tient dans le comment et non pas dans le qui. En effet dès le début de l'épisode, on connaît le meurtrier, mais reste à savoir si Columbo va réussir à épingler le coupable. N'oublions pas la voix française : Serge Sauvion.

1972

L'autobus à impériale
Côté jeunesse, la série anglaise, *L'autobus à impériale*, apparait en octobre. A Londres, une bande de 5 garçons et 2 filles se réunit dans un bus à impériale abandonné dans un hangar. Pour se protéger, ils inventent un système de sécurité ingénieux. Lorsqu'un homme d'affaires veut raser le hangar pour construire un parking, ils décident de se battre pour préserver leur refuge. Leur histoire est un mélange de danse, de chansons, d'inventions loufoques et de détermination face à l'adversité.

Les Rois Maudits
21 décembre 1972. *L'Histoire des Rois Maudits* est une série télévisée adaptée des romans de Maurice Druon, explorant la monarchie française depuis Philippe IV le Bel jusqu'à la guerre de Cent Ans. Les luttes de pouvoir, les complots et les rivalités entre les personnages clés comme Robert et Mahaut d'Artois, Louis X et Charles IV sont au cœur de cette série dramatique.

Polnareff provoque
2 octobre 1972. Michel Polnareff accroche 6 000 affiches pour annoncer un concert à Paris. Le chanteur est travesti par Paco Rabanne et met littéralement ses fesses à nu. L'inspiration vient de sa compagne Stella Patchouli, danseuse au Crazy Horse. Le coup marketing ne passe pas inaperçu dans la France alors puritaine. Malgré des périodes d'absence de la scène musicale, Michel Polnareff reste une figure emblématique de la musique française, reconnu pour ses chansons intemporelles.

MUSIQUE

Alan Stivell
28 février 1972. Alan Stivell donne un concert à l'Olympia. Le breton combine la musique celtique traditionnelle avec des sons modernes. Il s'accompagne à la harpe bretonne, un instrument que son père a fabriqué pour lui. Son approche peu orthodoxe est nouvelle et révolutionnaire. La soirée à Paris propulse Stivell sur le devant de la scène. *A l'Olympia* se vend à plus d'un million et demi d'exemplaires. Il assure également un renouveau de la musique folklorique.

La mort de Bobby Lapointe
29 juin 1972. A 50 ans, Bobby Lapointe tire sa révérence ! Un être particulier, chanteur, acteur, féru de mathématiques, un peu dingue, mais si attachant. Parmi ses chansons les plus connues, on trouve *La Maman des Poissons*, *Ta Katie t'a quitté* et *Aragon et Castille*.

L'interdiction de Sanson
Véronique Sanson descend les Champs-Elysées au volant de sa petite voiture, le matin après une nuit d'amour. Le soleil levant embrasse l'Arc de Triomphe. Les premières lignes des paroles d'une nouvelle chanson, *Amoureuse*, lui viennent à l'esprit. « Une nuit, je m'endors avec lui/Mais je sais qu'on nous l'interdit ». La chanteuse laisse planer le doute. Sanson indique à plusieurs reprises qu'il s'agit d'une question d'âge. Dans les années 1970, la majorité est acquise à 21 ans. Mais à d'autres occasions, elle confirme qu'il s'agit de l'adultère.

1972

C. Jérôme
Avec le titre *Kiss Me*, C. Jérôme signe un de ses plus grands succès, suivront *C'est moi*, *Et tu danses avec lui* et *Derniers baisers*. Il deviendra un temps animateur à la radio et à la télévision. On retiendra son look de séducteur qui a fait fureur auprès des jeunes filles des années 70.

MES 18 PREMIÈRES ANNÉES
TOP 10 — 1972

1. **Anarchic System** *Popcorn*
2. **Michel Fugain & Le Big Bazar** *Une belle histoire*
3. **Isaac Hayes** *Theme From Shaft*
4. **Michel Polnareff** *Holidays*
5. **Gilbert O'Sullivan** *Alone Again (Naturally)*
6. **Vicky Leandros** *Après toi*
7. **Middle Of The Road** *Samson and Delilah*
8. **Ringo** *Elle, je ne veux qu'elle*
9. **Véronique Sanson** *Amoureuse*
10. **Mort Shuman** *Le lac majeur*

Open | Search | Scan

Stone & Charden
C'est l'un des couples mythiques du début des années 70 avec de nombreuses chansons à succès : *L'Aventurra*, *Il y a du soleil sur la France*, *Made in Normandie*. Mariés dans la vie en 1966, le duo artistique divorce en 1974 pour entreprendre des carrières solos. Coté Éric Charden, on se souvient de son titre en 1979, *L'été s'ra chaud*, et de ses créations pour des bandes originales de séries animées comme *Albator* et *San Ku Kai*.

Martin Circus
Martin Circus est un des pionniers du rock progressif français, leur style musical intègre des éléments de pop, disco et new wave. Ils ont créé le premier opéra-rock français, *La Révolution française*, sorti en double album en 1973 et joué en live au Palais des Sports de Paris, avec Antoine et Alain Bashung. Le groupe se fera ensuite connaitre grâce à deux gros succès interprétés par Gérard Blanc : *Je m'éclate au Sénégal* et *Ma-ry-lène*.

RÉPONSE PHOTOS Copyright 2024, TDM Rights BV.
Photos: **A** David Attie - Archive Photos - Getty Images / **B** Gilbert Iundt - Corbis Sport - Getty Images / **C** Bernard Cahier - Hulton Archive - Getty Images / **D** Francois Ducasse - Gamma-Rapho - Getty Images / **E** Barbara Alper - Archive Photos - Getty Images / **F** Alain Mingam - Gamma-Rapho - Getty Images / **G** Francois Lochon - Gamma-Rapho - Getty Images / **H** Bettmann - Getty Images / **I** Independent News and Media - Hulton Archive - Getty Images / **J** Bettmann - Getty Images / **K** Alessandra Benedetti - Corbis News - Getty Images / **L** Express - Archive Photos - Getty Images / **M** Photo 12 - Universal Images Group Editorial - Getty Images / **N** Bettmann - Getty Images / **O** Silver Screen Collection - Moviepix - Getty Images / **P** LMPC - Getty Images / **Q** INA - Getty Images / **R** Daniel Simon - Gamma-Rapho - Getty Images / **S** H. Armstrong Roberts/ClassicStock - Archive Photos - Getty Images / **T** Silver Screen Collection - Moviepix - Getty Images / **U** INA - Getty Images / **V** Laurent Maous - Gamma-Rapho - Getty Images / **W** Pierre Vauthey - Sygma - Getty Images / **X** Daniel Simon - Gamma-Rapho - Getty Images.

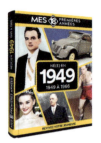   

  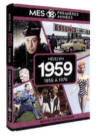